Inhalt

	Vorwort	4
1	**Warum mündliche Kommunikationskompetenz?**	5
2	**Rahmenbedingungen herstellen**	11
2.1	Individuelle Sprechzeiten erhöhen	11
2.2	Organisation mündlicher Kommunikationsphasen	18
2.3	Effektives Üben ermöglichen	24
2.4	Mündliche Leistungsüberprüfungen	32
2.5	Internationale Sprachzertifikate	38
2.6	Checkliste: Rahmenbedingungen herstellen	43
3	**Kommunikationsanlässe schaffen**	44
3.1	Präsentationen	44
3.2	Kooperation	50
3.3	Unterhaltungen	59
3.4	Rollenspiele	67
3.5	Diskussionen	73
3.6	Sprachmittlung	79
3.7	Checkliste: Kommunikationssituationen	86
4	**Unterstützende Maßnahmen bereitstellen**	87
4.1	(Zu-)Hören	87
4.2	Aussprache	92
4.3	Strategien zur mündlichen Kommunikation	98
4.4	Klassenraumdiskurs	104
4.5	Anpassung an die Voraussetzungen der Lerngruppe	112
4.6	Umgang mit individuellen Lernvoraussetzungen	118
4.7	Checkliste: Unterstützende Maßnahmen	122
5	**Auf einen Blick: 10 Maßnahmen zur Förderung der mündlichen Kommunikation im Fremdsprachenunterricht**	123
	Literatur	124
	Register	127

Vorwort

Mündliche Kommunikation, Sprechkompetenz, mündliche Klassenarbeiten und Kommunikationsprüfungen – schaut man auf aktuelle Rahmenrichtlinien, fachdidaktische Veröffentlichungen sowie Übungshefte und Lehrerhandreichungen zum Fremdsprachenunterricht, scheinen diese Themen allgegenwärtig. Woher kommt dieser Trend, und wird er sich halten? Wie ist die Forderung nach mehr mündlicher Kommunikation konkret im Fremdsprachenunterricht umzusetzen? Und was ist das überhaupt, mündliche Kommunikationskompetenz?

Diesen Fragen möchte der vorliegende Praxisratgeber nachgehen. Dafür werden zunächst die Grundlagen mündlicher Kommunikationskompetenz betrachtet. Darauf aufbauend stellen die folgenden Kapitel konkrete Maßnahmen zur Verbesserung der mündlichen Kommunikationskompetenz im Fremdsprachenunterricht vor. Insbesondere gehen sie auf organisatorische Rahmenbedingungen, konkrete Kommunikationsanlässe und unterstützende Maßnahmen ein. Dabei werden geeignete Materialien sowie Methoden und praktische Tipps zur Abwandlung bzw. Anpassung an die eigene Unterrichtssituation sowie zur Entwicklung eigener Materialien besprochen. Auf diese Weise entstehen vielfältige praxisnahe Anregungen, um in jeder Unterrichtsstunde die mündliche Kommunikationskompetenz aller Schüler nachhaltig zu erweitern.

Der Praxisratgeber ist so aufgebaut, dass der Leser ihn entweder am Stück lesen oder, je nach Interesse und Vorkenntnissen, für sich relevante Aspekte auswählen kann. Mithilfe einer Checkliste am Ende der einzelnen Kapitel kann er den eigenen Unterricht analysieren und Ansatzpunkte zum Training der mündlichen Kommunikationskompetenz bestimmen.

Zur besseren Lesbarkeit wird im Folgenden bei den Gender-Bezeichnungen weitgehend auf die Verwendung von Doppelformen verzichtet.

Anne Hürtgen
Frankfurt, im Oktober 2016

1 Warum mündliche Kommunikationskompetenz?

Dieses Kapitel geht den Fragen nach, was mündliche Kommunikationskompetenz ausmacht und welche Rolle sie im Prozess des Fremdsprachenlernens spielt.

Kommunikationskompetenzen „befähigen Menschen zum Handeln mithilfe spezifisch sprachlicher Mittel" (Europarat 2001: 21) und sind somit essenziell für die Verständigung zwischen Sprechern verschiedener Sprachen. Der gemeinsame europäische Referenzrahmen für Sprachen (im Folgenden GeR) unterteilt kommunikative Kompetenzen nach Kommunikationsmodus (Rezeption, Produktion, Interaktion, Mediation) und -kanal (schriftlich, mündlich) (Europarat 2001: 25):

	mündlich	schriftlich
Rezeption	Hör-/Hörsehverstehen	Leseverstehen
Produktion	Mündliche Produktion / monologisches Sprechen / zusammenhängendes Sprechen	Schreiben
Interaktion	Mündliche Interaktion / dialogisches Sprechen	Schreiben
Mediation	Sprachmittlung: mündlich-mündlich; mündlich-schriftlich; schriftlich-schriftlich	

Aus der Übersicht geht hervor, dass mündliche Kommunikationsfähigkeit neben den schriftlichen Kompetenzen des Lesens und Schreibens im GeR eine zentrale Rolle einnimmt. Diese zentrale Rolle wird auch in den Bildungsstandards und den Rahmenrichtlinien der Bundesländer, die sich am GeR orientieren, aufgegriffen. So formuliert die Kultusministerkonferenz für den Bereich „Sprechen" der allgemeinen Hochschulreife der fortgeführten Fremdsprache (Englisch oder Französisch) die folgenden Standards (KMK 2014: 16):

Die Schülerinnen und Schüler können ...	
... klare und detaillierte Darstellungen geben, ihren Standpunkt vertreten und erläutern sowie Vor- und Nachteile verschiedener Optionen angeben.	... sich weitgehend flüssig, sprachlich korrekt und adressatengerecht sowie situationsangemessen an Gesprächen beteiligen. Sie sind bereit und in der Lage, in einer gegebenen Sprechsituation zu interagieren, auch wenn abstrakte und in einzelnen Fällen weniger vertraute Themen behandelt werden.
→ Zusammenhängendes Sprechen	→ An Gesprächen teilnehmen

Das Erreichen dieser Standards stellt viele Schüler und damit auch die Lehrkräfte vor große Herausforderungen. Um diesen Herausforderungen begegnen zu können, ist es hilfreich zu verstehen, wie mündliche Kommunikation funktioniert. Die dabei ablaufenden komplexen Prozesse lassen sich mithilfe psycholinguistischer Modelle veranschaulichen (vgl. Scovel 1998):

Zeitlich laufen die Prozesse auf den verschiedenen Ebenen parallel ab oder überschneiden sich. Für langes Nachdenken und Reparaturen bleibt in der Kommunikationssituation meist wenig Zeit. Während die Prozesse bei Muttersprachlern weitgehend automatisiert sind, ist diese Automatisierung bei Fremdsprachenlernern noch nicht oder nur teilweise verankert. Deshalb verläuft die mündliche Kommunikation bei ihnen teilweise langsamer, ist störungsanfälliger und erfordert mehr Verarbeitungskapazität als in der Muttersprache. Dementsprechend erleben die Lerner mündliche Kommunikationssituationen oft als anstrengend und frustrierend.

Eine weitere Herausforderung besteht darin, dass mündliche Kommunikation neben der Vermittlung von Inhalten immer auch dazu dient, Menschen aneinander zu binden und ein gemeinsames Verständnis der Umwelt auszuhandeln (Maybin 2002: 5–12). Um erfolgreich zu kommunizieren, müssen die Schüler also neben sprachlichen auch soziopragmatische Kompetenzen anwenden:

▶ sich für andere öffnen, indem sie Interesse bekunden und etwas von sich selbst preisgeben,
▶ unausgesprochene, implizite Informationen erkennen und vermitteln,
▶ sich auf bereits Gesagtes und gemeinsame Erfahrungen / gemeinsames Weltwissen beziehen,

- zukünftige Gesprächsbeiträge antizipieren,
- Konventionen (z. B. Sprecherrollenwechsel) und Rituale (z. B. Begrüßung, Erkundigen nach dem Befinden) berücksichtigen,
- auf Unvorhergesehenes (z. B. Unterbrechungen, mehrdeutige Äußerungen) reagieren.

Diese Herausforderungen bieten für den Fremdsprachenunterricht jedoch gleichzeitig die Chance, die für eine erfolgreiche mündliche Kommunikation benötigten Kompetenzen systematisch zu trainieren. Dies kann sich auf den gesamten Spracherwerbsprozess positiv auswirken, da die sprachliche Produktion die Lerner dazu anregt, sich Strukturen anzueignen und diese zu reflektieren (Swain 1985). Insbesondere bei der mündlichen Interaktion können sie gemeinsam das Verständnis aushandeln und anhand der Reaktion des Gegenübers das Gesagte auf Verständlichkeit, Angemessenheit und Korrektheit überprüfen (Lightbown/Spada 1999).

Neben solchen theoretischen Erwägungen sprechen auch Beobachtungen aus der Unterrichtspraxis für eine Stärkung der mündlichen Kommunikation. Mündliche Kommunikationsaufgaben machen Schülern oft großen Spaß und werden deshalb auch von Lehrkräften und Beobachtern als erfolgreich wahrgenommen. Diese positive Wahrnehmung ist darauf zurückzuführen, dass authentische Kommunikationsaufgaben
- die Schüler auf Begegnungssituationen mit Muttersprachlern vorbereiten und somit einen hohen Anwendungsbezug haben,
- aktives und handlungsorientiertes Lernen ermöglichen, was vor allem jüngeren Schülern entgegenkommt,
- einen relativ flexiblen Umgang mit sprachlichen Regeln und Schwierigkeiten erfordern,
- feststehende Leistungsunterschiede zwischen den Schülern aufweichen, weil sie andere Kompetenzen und Stärken verlangen als die sonst üblichen schriftlichen Aufgabenformate.

Mündliche Kommunikation im Unterrichtsalltag
Die bisherigen Überlegungen haben gezeigt, dass sowohl Bildungsstandards als auch lerntheoretische Erkenntnisse und unterrichtliche Beobachtungen für eine Stärkung der mündlichen Kommunikation im Fremdsprachenunterricht sprechen. Obwohl diese Forderung seit der vermehrten kommunikativen Ausrichtung des Fremdsprachenunterrichts in den 1970er Jahren (Piepho 1974) in der fachdidaktischen Diskussion etabliert ist, ist sie in der unterrichtlichen Praxis nicht leicht umzusetzen. Studien aus dem englischsprachigen Raum fanden Sprechanteile der Lehrkräfte von bis zu zwei Dritteln der gesamten Sprechzeit (Ellis 1994: 582). Für den Englischunterricht an deutschen Schulen sind die Ergebnisse der 2004 durchgeführten DESI-Studie (DIPF 2006: 47) besonders interessant:

Zeitanteil	Lehrperson spricht 50,5 %		Schüler/in spricht 23,5 %	keine mündliche Sprachproduktion 26 %
			⌐ D: Deutsch	
Zeitanteil	frei (Englisch) 47,9 %	frei (D) 6,2 %	ablesen 26,8 %	anderes (wiederholen, nachsprechen ...) 20,1 %
Häufigkeit	ganzer Satz 32,5 %	Satzfragment 20,2 %	Ein-Wort-Satz 33,4 %	Satzunterbrechung 13,8 %

Der in der Studie ermittelte Sprechanteil der Lehrkräfte von 50,5 % und der Schüler von 23,5 % bedeutet, dass die Schüler in einer 45-minütigen Unterrichtsstunde insgesamt nur etwa zehn Minuten sprechen. Davon werden wiederum nur fünf Minuten frei Englisch gesprochen, und das zum großen Teil nicht einmal in ganzen Sätzen.

Warum sind die Sprechanteile der Schüler in der Zielsprache und vor allem der Anteil des freien Sprechens trotz psycholinguistischer Erkenntnisse, curricularer Forderungen und Erwartungen von Schülern und Eltern so vergleichsweise gering? Dafür gibt es sicherlich eine Vielzahl von Gründen:

- ▶ Schüler, vor allem ab der Pubertät, haben oft Hemmungen, die Zielsprache zu benutzen, weil sie Angst haben, Fehler zu machen.
- ▶ Schüler sind frustriert, weil sie in der Zielsprache nicht das ausdrücken können, was sie mitteilen möchten.
- ▶ Lehrende haben Bedenken, dass sich in unbeobachteten Sprechphasen Fehler durch häufige Wiederholung und fehlende Korrektur verfestigen.
- ▶ Lehrende wissen nicht, wie sie freie Kommunikationsphasen praktisch organisieren können.
- ▶ Sprechen ist nicht gleichzusetzen mit tatsächlicher Kommunikation. So wird beispielsweise beim Vorlesen oder Vorspielen eher die Aussprache als die kommunikative Kompetenz geschult; und mancher Tandembogen ist in Wirklichkeit keine Kommunikations-, sondern eine Übersetzungs- oder Grammatikübung.
- ▶ Test- und Prüfungsformate prüfen immer noch in erster Linie schriftliche Kompetenzen ab, sodass der Unterricht tendenziell eher auf diese Aufgabentypen vorbereitet.

Möglichkeiten der Förderung mündlicher Kommunikation
Für eine Erhöhung des Anteils mündlicher Kommunikation im Fremdsprachenunterricht müssen deshalb folgende Voraussetzungen erfüllt sein:
- höhere Sprechzeiten für alle Schüler in jeder Stunde,
- eine positive Lernatmosphäre, in der die Schüler gerne etwas von sich preisgeben und keine Angst vor Fehlern haben,
- motivierende Kommunikationsanlässe, die bei den Schülern ein echtes Mitteilungsbedürfnis wecken,
- sprachliche Hilfestellungen, sodass es den Schülern gelingt, ihre Mitteilungsabsicht in der Fremdsprache umzusetzen,
- Test- und Prüfungsformate, in denen die Schüler die im Unterricht erworbenen mündlichen Kommunikationskompetenzen unter Beweis stellen können.

Dabei ist zu beachten, dass Kommunikation ein individueller Prozess zwischen Menschen ist. Jede Lerngruppe und jede Lernsituation ist anders. Deshalb liefern die folgenden Kapitel keine allgemein gültigen Rezepte, sondern konkrete Zutaten und Rezeptvarianten, um in jeder Lerngruppe den Sprechanteil der Schüler in der Fremdsprache zu erhöhen und die mündliche Kommunikationskompetenz nachhaltig zu stärken.

Das zweite Kapitel geht auf die **organisatorischen Rahmenbedingungen** für mehr mündliche Kommunikation im Fremdsprachenunterricht ein. Insbesondere geht es um konkrete Maßnahmen mit dem Ziel,
- die Sprechzeit aller Schüler in jeder Stunde zu erhöhen (Kap. 2.1),
- simultane Sprechphasen effizient zu organisieren und zu strukturieren (Kap. 2.2),
- eine positive Lern- und Übungsatmosphäre zu schaffen (Kap. 2.3),
- mündliche Kommunikationskompetenzen transparent und kriterienorientiert zu testen und zu bewerten (Kap. 2.4),
- die Schüler auf den mündlichen Prüfungsteil internationaler Sprachzertifikate vorzubereiten (Kap. 2.5).

Das dritte Kapitel zeigt konkrete Beispiele für authentische und motivierende **Anlässe für mündliche Kommunikation** sowie Maßnahmen zur unterrichtlichen Umsetzung:
- Präsentationen, die das zusammenhängende Sprechen trainieren und gleichzeitig die Zuhörer aktivieren (Kap. 3.1),
- Kooperation zur Aktivierung aller Schüler beim arbeitsteiligen Erreichen gemeinsamer Ziele (Kap. 3.2),
- Unterhaltungen, die das natürliche Mitteilungs- und Kommunikationsbedürfnis der Lernenden nutzen (Kap. 3.3),
- Rollenspiele zur motivierenden Vorbereitung auf Begegnungssituationen mit Muttersprachlern (Kap. 3.4),

- Diskussionen, die sowohl inhaltliche Komplexität als auch breite Aktivierung erreichen (Kap. 3.5),
- Sprachmittlung zur Vorbereitung auf Begegnungssituationen zwischen Menschen unterschiedlicher Sprachen (Kap. 3.6).

Die im vierten Kapitel vorgestellten **unterstützenden Maßnahmen** tragen dazu bei, dass die Schüler ihre Kommunikationsabsicht sprachlich umsetzen können. Dabei liegt der Schwerpunkt auf
- dem Training des Zuhörens als Voraussetzung für das Eingehen auf die Kommunikationspartner (Kap. 4.1),
- der Reduzierung von Unsicherheiten in Bezug auf die Aussprache (Kap. 4.2),
- der Vermittlung von Strategien zum Beginnen, Aufrechterhalten und Beenden mündlicher Kommunikationssituationen (Kap. 4.3),
- dem Etablieren eines zielsprachigen Klassenraumdiskurses (Kap. 4.4),
- der Anpassung mündlicher Kommunikationsaufgaben an das Leistungsniveau der Lerngruppe (Kap. 4.5),
- der Berücksichtigung individueller Lernvoraussetzungen bei der Konzeption mündlicher Kommunikationsaufgaben (Kap. 4.6).

2 Rahmenbedingungen herstellen

Damit sich wirklich alle Schüler einer Lerngruppe gerne an mündlichen Kommunikationssituationen in der Fremdsprache beteiligen, müssen zunächst einige Rahmenbedingungen erfüllt sein. Neben ausreichend Zeit und Gelegenheit zum Sprechen und Üben ist vor allem eine positive Lernatmosphäre wichtig, in der sich die Schüler gerne austauschen, von- und miteinander lernen, keine Angst vor Fehlern und Leistungssituationen haben und die zur Verfügung stehende Lernzeit produktiv nutzen. Die nächsten Abschnitte beschäftigen sich mit konkreten Methoden und Maßnahmen, diese Rahmenbedingungen schrittweise in den gegebenen Lernsituationen umzusetzen.

2.1 Individuelle Sprechzeiten erhöhen

Dieses Kapitel zeigt konkrete Lernarrangements und praktische Maßnahmen, um die zielsprachlichen Sprechanteile aller Schüler in jeder Stunde zu erhöhen.

Aufgrund der komplexen Anforderungen mündlicher Kommunikation in der Fremdsprache (vgl. Kap. 1) ist viel Übung notwendig, um die für einen flüssigen Sprachgebrauch nötige Sicherheit und Automatisierung zu erreichen (DeKeyser 1998). Die Möglichkeit zum Üben ist jedoch im Rahmen der Unterrichtszeit begrenzt – vor allem, wenn immer nur eine Person zur selben Zeit spricht (vgl. Hattie 2012: 74 ff.). Bei einer Gruppe von 30 Schülern käme rein rechnerisch in einer 45-minütigen Unterrichtsstunde jedem Schüler eine Sprechzeit von 1,5 Minuten zu, wenn der Redeanteil der Lehrkraft nicht berücksichtigt wird. Diesen Redeanteil der Lehrkraft gilt es also zugunsten der Schüler zu reduzieren, z. B. durch folgende Maßnahmen:
- kurze, klare und möglichst offene Fragen formulieren,
- statt didaktischer Fragen (bei denen die Lehrkraft die Antwort kennt) vermehrt „echte" Fragen (bei denen die Lehrkraft wirklich an der Antwort interessiert ist) stellen,
- verbale Äußerungen durch stumme Impulse/Körpersprache ersetzen,
- Schülern genug Zeit zum Vorbereiten von Antworten geben,
- Lehrerecho vermeiden,
- mehr Zeit und ggf. Hinweise geben, statt Fragen selbst zu beantworten,
- klare, eindeutige Arbeitsaufträge geben und ggf. visualisieren, um lange, umständliche Erklärungen zu vermeiden.

Aber auch wenn man diese Möglichkeiten nutzt, wird in Plenumsphasen die Sprechzeit der Schüler immer ungleich verteilt und insgesamt relativ gering bleiben. Soll also die individuelle Sprechzeit aller Schüler erhöht werden, sind Lernarrangements nötig, bei denen mehr als eine Person gleichzeitig spricht.

Damit die Schüler in solchen sogenannten simultanen Sprechphasen auch tatsächlich etwas zu sagen haben, sind arbeitsteilige Lernarrangements günstig. Dabei trägt jeder Schüler die Verantwortung für eine Teilaufgabe, die er zunächst in Einzelarbeit erledigt. Im Anschluss werden die Ergebnisse in einem mündlichen Kommunikationsprozess zusammengeführt und weiterverarbeitet. Ein solches Vorgehen entspricht dem Prinzip des kooperativen Lernens (Green/Green 2005; vgl. Kap. 3.2) nach dem sogenannten „Sandwich-Prinzip". Dabei werden die einzelnen Arbeitsschritte wie die Beläge eines Sandwiches von Plenumsphasen eingerahmt:

> **Plenumsphase:** Herstellung des kommunikativen Kontexts, Klärung der Aufgabenstellung, Planung der Arbeitsprozesse etc.
>
> Die Schüler bearbeiten in **Einzelarbeit** eine Aufgabe und machen sich ggf. Notizen.
>
> Die Schüler kommen in **Paaren/Gruppen** zusammen und tauschen sich über ihre Ergebnisse aus.
>
> Ggf. weitere **Partner-/Gruppenarbeitsphasen**
>
> **Plenumsphase:** Sicherung/Bündeln der Ergebnisse, Evaluation des Arbeitsprozesses, Planung weiterer Schritte

Konkrete Lernarrangements

Die hier vorgestellten Lernarrangements eignen sich dazu, simultane Sprechphasen zu organisieren. Es empfiehlt sich, verschiedene Lernarrangements auszuprobieren, zu evaluieren und bei der Auswahl auch auf die Präferenzen der jeweiligen Lerngruppe einzugehen (vgl. auch Hattie 2012: 84 ff.). Für die Einführung neuer Lernarrangements gelten folgende Grundsätze:

▶ **Transparenz:** Die Schüler sollten über die Zielsetzung des jeweiligen Methodeneinsatzes informiert werden.

> **Tipp:** Dieses Vorgehen ist auch günstig zur Selbstüberprüfung: Kann die Lehrkraft die Methodenwahl vor den Schülern nicht schlüssig begründen, ist sie höchstwahrscheinlich für die konkrete Situation und Zielsetzung nicht geeignet!

▶ **Terminologie:** Wird die Methode bei jedem Einsatz (in der Zielsprache) benannt, wissen die Schüler schon bald, was sie erwartet; lange Erklärungen werden überflüssig.

▶ **Gewöhnung:** Auch wenn eine Methode beim ersten Einsatz in einer Lerngruppe nicht funktioniert, kann sie in einem anderen Kontext oder durch Gewöhnung doch noch erfolgreich zum Einsatz kommen.

▶ **Evaluation:** Eine Rückmeldung durch die Schüler erleichtert die zukünftige Methodenauswahl und erhöht die Akzeptanz der Methode. Die Evaluation kann entweder direkt nach dem Einsatz oder für mehrere Methoden im Vergleich erfolgen.

Think-Pair-Share

Das Think-Pair-Share-Verfahren bietet den Schülern die Möglichkeit, sich zunächst in Einzelarbeit vorzubereiten, bevor sie ihre Ergebnisse mit anderen teilen.

Durchführung:

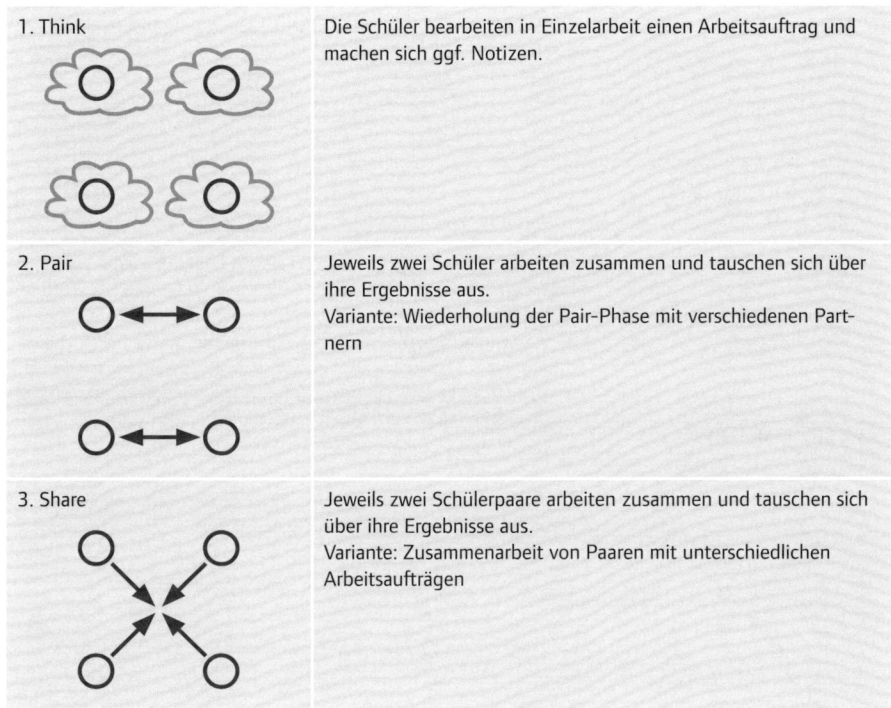

Einsatzmöglichkeiten:
- ▶ Training des notizengestützten Sprechens
- ▶ Austausch/Sammeln/Diskussion von Meinungen, Einstellungen, Haltungen, Vorerfahrungen etc.
- ▶ Austausch/Vergleich von Arbeitsergebnissen
- ▶ Möglichkeit der mehrmaligen (mündlichen) Umwälzung in verschiedenen Gruppierungen
- ▶ Möglichkeit der Rückversicherung durch arbeitsgleiche Paarungen

Lerntempoduett und Variante Bushaltestelle

Das Lerntempoduett ist eine Variation des Think-Pair-Share-Verfahrens, bei dem die Partnerfindung nach Arbeitstempo erfolgt.

Durchführung:

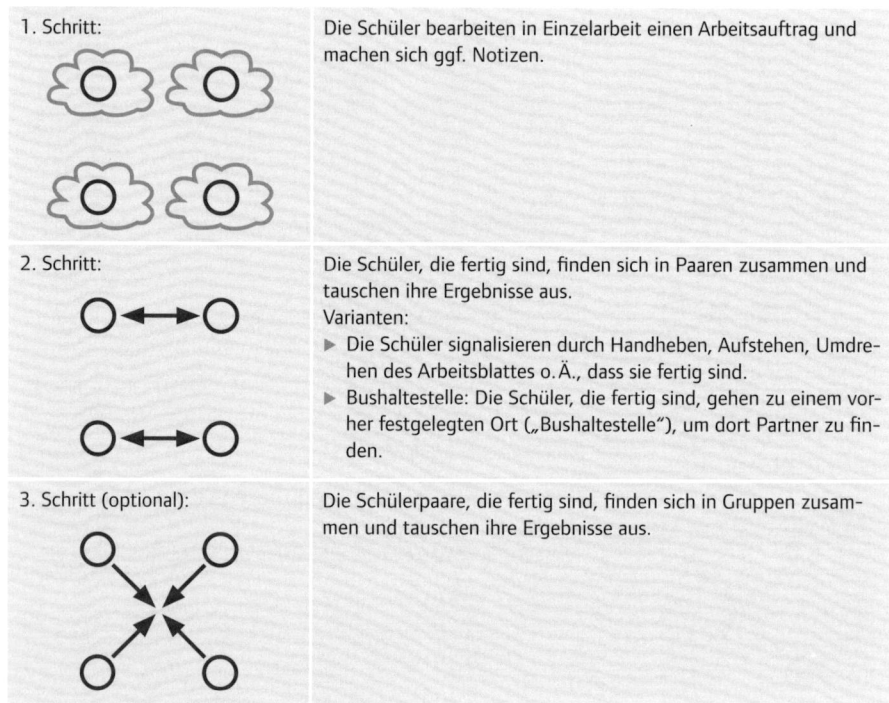

1. Schritt:	Die Schüler bearbeiten in Einzelarbeit einen Arbeitsauftrag und machen sich ggf. Notizen.
2. Schritt:	Die Schüler, die fertig sind, finden sich in Paaren zusammen und tauschen ihre Ergebnisse aus. Varianten: ▶ Die Schüler signalisieren durch Handheben, Aufstehen, Umdrehen des Arbeitsblattes o. Ä., dass sie fertig sind. ▶ Bushaltestelle: Die Schüler, die fertig sind, gehen zu einem vorher festgelegten Ort („Bushaltestelle"), um dort Partner zu finden.
3. Schritt (optional):	Die Schülerpaare, die fertig sind, finden sich in Gruppen zusammen und tauschen ihre Ergebnisse aus.

Einsatzmöglichkeiten:
▶ Training des notizengestützten Sprechens
▶ Berücksichtigung unterschiedlicher Arbeitstempi in heterogenen Lerngruppen
▶ Austausch/Sammeln/Diskussion von Meinungen, Einstellungen, Haltungen, Vorerfahrungen etc.
▶ Austausch/Vergleich von Arbeitsergebnissen
▶ Vorbereitung auf Präsentationen
▶ Durchführung von Rollenspielen und -diskussionen

Omniumkontakt

Der Omniumkontakt bietet die Möglichkeit, kurze Dialoge mit vielen verschiedenen Partnern zu führen.

Durchführung:

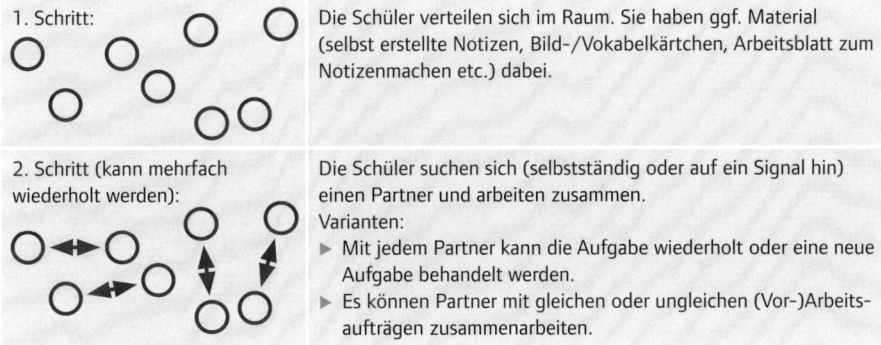

1. Schritt:	Die Schüler verteilen sich im Raum. Sie haben ggf. Material (selbst erstellte Notizen, Bild-/Vokabelkärtchen, Arbeitsblatt zum Notizenmachen etc.) dabei.
2. Schritt (kann mehrfach wiederholt werden):	Die Schüler suchen sich (selbstständig oder auf ein Signal hin) einen Partner und arbeiten zusammen. Varianten: ▶ Mit jedem Partner kann die Aufgabe wiederholt oder eine neue Aufgabe behandelt werden. ▶ Es können Partner mit gleichen oder ungleichen (Vor-)Arbeitsaufträgen zusammenarbeiten.

Einsatzmöglichkeiten:
- Training des freien, spontanen Sprechens
- Austausch/Sammeln/Diskussion von Meinungen, Einstellungen, Haltungen, Vorerfahrungen etc.
- Durchführung von Rollenspielen und -diskussionen
- Bewegungsanlass, vor allem für jüngere Schüler
- Auflösen fester Paarungen durch häufigen, unkomplizierten Partnerwechsel

Gespräch im Gehen

Das Gespräch im Gehen imitiert eine authentische Sprechsituation und berücksichtigt das Bewegungsbedürfnis vor allem jüngerer Schüler.

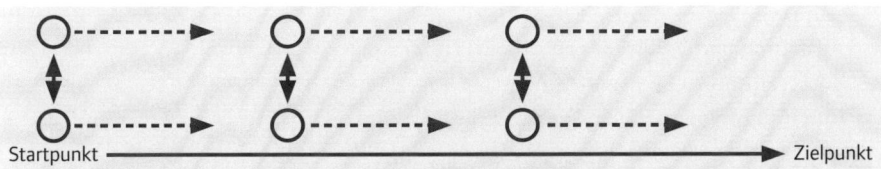

Von einem festgelegten Ausgangspunkt aus gehen jeweils zwei Schüler gemeinsam zu einem festgelegten Endpunkt und unterhalten sich dabei zum vorgegebenen Thema.
Das Gespräch im Gehen kann ggf. mit einem neuen Partner/Thema wiederholt werden.

Einsatzmöglichkeiten:
- Training des freien, spontanen Sprechens
- Austausch/Sammeln/Diskussion von Meinungen, Einstellungen, Haltungen, Vorerfahrungen etc.
- Vorbereitung von Präsentationen
- Durchführung von Rollenspielen und -diskussionen
- Motivation durch Bewegungsanlass und natürliche Sprechsituation

Kugellager

Das Kugellager ist eine systematische Möglichkeit, Dialoge mit mehreren Partnern zu wiederholen.

Durchführung:

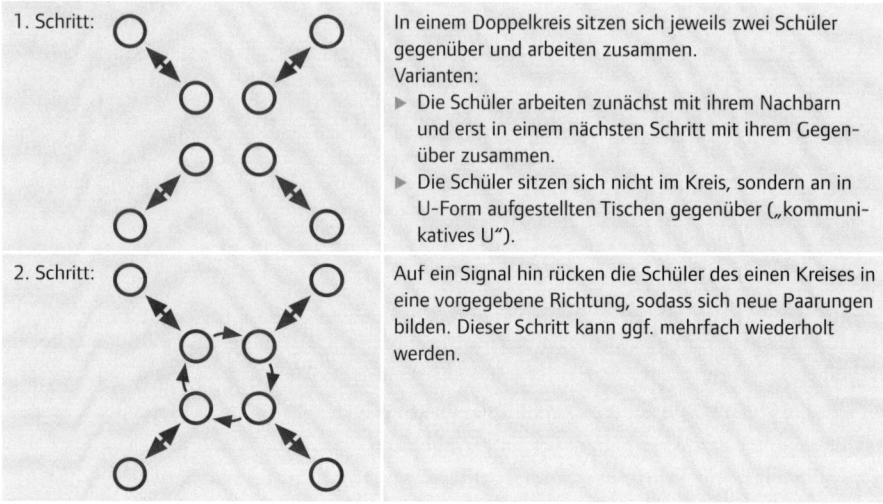

1. Schritt:	In einem Doppelkreis sitzen sich jeweils zwei Schüler gegenüber und arbeiten zusammen. Varianten: ▶ Die Schüler arbeiten zunächst mit ihrem Nachbarn und erst in einem nächsten Schritt mit ihrem Gegenüber zusammen. ▶ Die Schüler sitzen sich nicht im Kreis, sondern an in U-Form aufgestellten Tischen gegenüber („kommunikatives U").
2. Schritt:	Auf ein Signal hin rücken die Schüler des einen Kreises in eine vorgegebene Richtung, sodass sich neue Paarungen bilden. Dieser Schritt kann ggf. mehrfach wiederholt werden.

Einsatzmöglichkeiten:
- ▶ Training des notizengestützten und freien Sprechens
- ▶ Austausch/Sammeln/Diskussion von Meinungen, Einstellungen, Haltungen, Vorerfahrungen etc.
- ▶ Austausch und Vergleich von Arbeitsergebnissen
- ▶ Vorbereitung von Präsentationen
- ▶ Durchführung von Rollenspielen und -diskussionen

Das Gesagte wiedergeben (Dreiergespräch)

Bei diesem Verfahren schulen die Schüler das aufmerksame Zuhören und das Zusammenfassen in eigenen Worten.

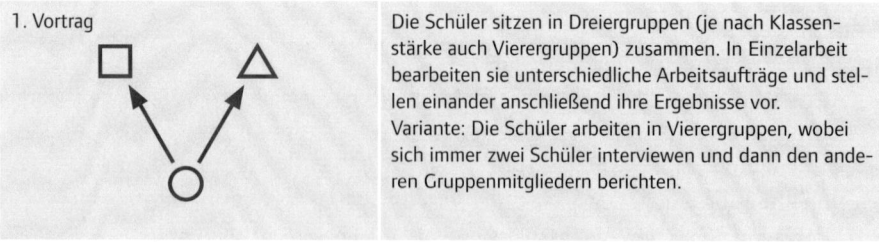

1. Vortrag	Die Schüler sitzen in Dreiergruppen (je nach Klassenstärke auch Vierergruppen) zusammen. In Einzelarbeit bearbeiten sie unterschiedliche Arbeitsaufträge und stellen einander anschließend ihre Ergebnisse vor. Variante: Die Schüler arbeiten in Vierergruppen, wobei sich immer zwei Schüler interviewen und dann den anderen Gruppenmitgliedern berichten.

2. Zusammenfassung	Nach dem Vortrag hat jeweils ein anderes Gruppenmitglied den Auftrag, das Vorgetragene mündlich zusammenzufassen.
□ ← △ ↓ ○	Dies wird wiederholt, bis jedes Gruppenmitglied die eigenen Ergebnisse vorgetragen und die eines anderen Gruppenmitgliedes zusammengefasst hat. Der Schüler, der jeweils nicht wiedergibt, kann ggf. im Anschluss Feedback geben.

Einsatzmöglichkeiten:
- ▶ Training des notizengestützten und des freien Sprechens
- ▶ Training des Paraphrasierens/Zusammenfassens
- ▶ Austausch und Vergleich von Arbeitsergebnissen
- ▶ Vorbereitung von Präsentationen

Expertenpuzzle

Beim Expertenpuzzle sind alle Gruppenmitglieder für das Gruppenergebnis verantwortlich.

Durchführung:

1. Erarbeitungsphase	Die Schüler arbeiten in Expertengruppen zusammen. Jede Expertengruppe hat einen anderen Arbeitsauftrag. Variante: Der Gruppenarbeit kann eine Einzelarbeitsphase vorangestellt werden.
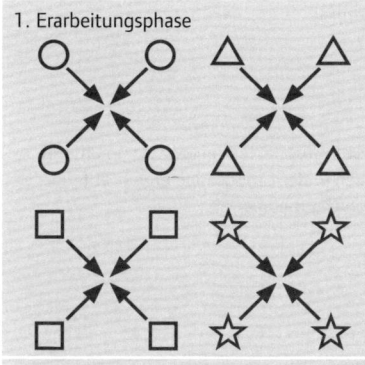	
2. Austauschphase	Die Schüler bilden neue Gruppen mit jeweils einem Mitglied aus jeder Expertengruppe und informieren sich gegenseitig über ihre Arbeitsergebnisse. Varianten: ▶ „Galeriegang": In der Austauschphase präsentieren sich die Schüler gegenseitig die in der Erarbeitungsphase erstellten Produkte. ▶ „Einer bleibt, die anderen gehen": In der Austauschphase bleibt jeweils ein Gruppenmitglied am Platz. Die anderen Gruppenmitglieder gehen durch den Raum und informieren sich bei den anderen Gruppen (von denen ebenfalls jeweils ein Mitglied am Platz bleibt) über deren Ergebnisse, die sie anschließend dem zurückgebliebenen Gruppenmitglied berichten.
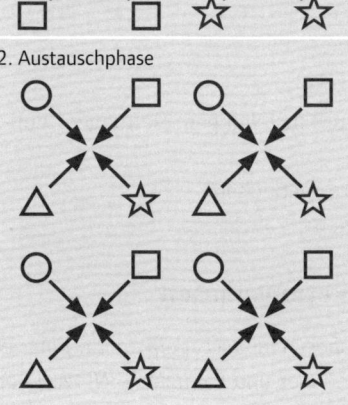	

Einsatzmöglichkeiten:
- Training des notizengestützten Sprechens
- Erarbeitung, Austausch und Vergleich von Arbeitsergebnissen
- Vorbereitung von Präsentationen
- Durchführung von Rollenspielen und -diskussionen

Pyramidendiskussion

Beim Pyramiden- oder Schneeballverfahren lernen die Schüler, ihre Meinung in zunehmend größeren Gruppen zu vertreten.

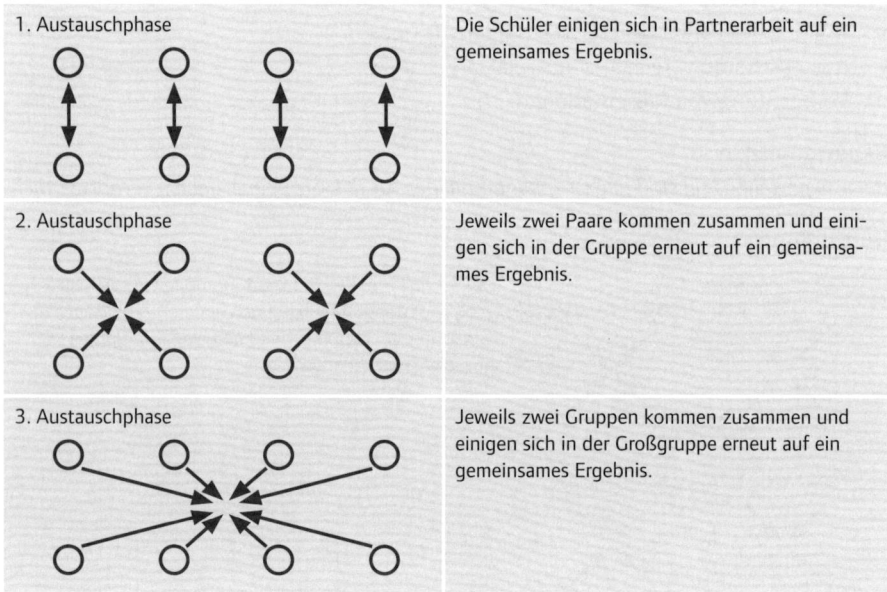

Einsatzmöglichkeiten:
- Training des freien Sprechens
- Austausch/Sammeln/Diskussion von Meinungen, Einstellungen, Haltungen, Vorerfahrungen etc.
- Erarbeitung, Austausch und Vergleich von Arbeitsergebnissen
- Durchführung von Rollenspielen und -diskussionen

2.2 Organisation mündlicher Kommunikationsphasen

Dieses Kapitel zeigt, wie mündliche Kommunikationsphasen möglichst effizient organisiert werden können, um übermäßige Lautstärke, Durcheinander und ineffiziente Nutzung der Lernzeit zu vermeiden.

Die im letzten Kapitel vorgestellten Lernarrangements zur Erhöhung der individuellen Sprechzeit erfordern eine Veränderung der üblichen Unterrichtsformen und Sitzordnungen. Dabei steht die Lehrkraft vor der Herausforderung, simultane Sprechphasen so zu organisieren, dass
- wirklich alle Schüler sprechen und sich nicht Einzelne dem Arbeitsprozess entziehen,
- alle Schüler konzentriert, aufgabenbezogen und in der Zielsprache zusammenarbeiten,
- Lernzeitverlust (z. B. durch umständliches Umräumen, Unstimmigkeiten bei der Partnerfindung oder langwierige Erklärungen) möglichst vermieden wird,
- der Geräuschpegel auf einem erträglichen Level bleibt,
- der zur Verfügung stehende Raum sinnvoll genutzt wird.

Dafür stellen die nächsten Abschnitte generelle organisatorische Maßnahmen sowie Verfahren der Partner- und Gruppenfindung vor.

Organisatorische Maßnahmen
Die Aufgabenstellung in kooperativen Arbeitsprozessen ist meist komplex und mehrschrittig. Um unnötigen Zeit- und Konzentrationsverlust zu vermeiden, ist hier die Klarheit der Lehrerinstruktion von entscheidender Bedeutung (vgl. Hattie 2012: 125f.). Deshalb haben sich die folgenden Maßnahmen bewährt:
- Arbeitsaufträge klar, konkret und möglichst einfach formulieren.
- Einzelschritte innerhalb des Arbeitsprozesses verdeutlichen.
- Einheitliche, wiederkehrende Symbole oder Zeichnungen zur Visualisierung verwenden.
- Konkrete Zeitvorgaben für die jeweiligen Arbeitsschritte machen.
- Zur Aufgabe passende Sozialform und Partnerzuteilung wählen.
- Genug Zeit zum Erläutern des Arbeitsauftrages einplanen.
- Überprüfen, ob alle Schüler den Arbeitsauftrag verstanden haben.

Tipp: Für Arbeitsaufträge eignen sich ergebnisorientierte Formulierungen. Statt „Sprecht über …" oder „Tauscht euch aus zu …" sind Formulierungen wie „Findet heraus …" oder „Informiert euch gegenseitig über …" besser geeignet.

Zudem empfiehlt es sich, einige Regeln für simultane Sprechphasen einzuführen und deren Einhaltung konsequent einzufordern:
- **30-cm-Stimme:** Um den Geräuschpegel im Rahmen zu halten, sollten sich die Schüler in simultanen Sprechphasen so unterhalten, dass sie sich auf 30 cm Entfernung gerade noch verstehen können.
- **Anfangs- und Endsignal:** Zu Beginn einer Arbeitsphase werden zunächst die Aufgabe erläutert und ggf. Fragen geklärt. Um den Beginn der eigentlichen Arbeitsphase

zu markieren, ist ein Signal (z. B. Glocke, Klingel, In-die-Hände-Klatschen) hilfreich. Das gleiche Signal kann verwendet werden, wenn die Schüler am Ende einer Phase an ihre Plätze zurückkehren sollen.

▶ **Freeze-Signal:** Auch wenn Arbeitsphasen generell nicht unterbrochen werden sollten, kann es vorkommen, dass die Lehrkraft einen wichtigen Hinweis hat oder die Aufgabenstellung variieren möchte, ohne dass gleich alle Schüler an ihre Plätze zurückkehren. Für solche Fälle ist ein – vom Anfangs- und Endsignal abweichendes – Freeze-Signal sinnvoll.

▶ **Verlassen des Raumes:** Um mehr Ruhe und Platz zu schaffen, können eine oder mehrere Gruppen den Unterrichtsraum verlassen. Dafür müssen jedoch klare Regeln etabliert sein, damit die Aufsicht gewährleistet ist und andere Lerngruppen nicht gestört werden.

Tipp: Gegebenenfalls kann es sinnvoll sein, innerhalb der Gruppe ein Mitglied zu bestimmen, das auf die Einhaltung der Regeln während der Gruppenarbeit achtet.

Für eine authentische, effektive Kommunikation in Partner- oder Gruppenarbeit ist auch die Rolle der Sitzordnung nicht zu unterschätzen. Wenn die zusammenarbeitenden Schüler keine geeignete Schreibunterlage haben, zu eng oder zu weit voneinander entfernt sitzen oder sich unangenehm verrenken müssen, um einander anzuschauen, entsteht unnötige Ablenkung. Deshalb ist es wichtig, die Sitzordnung konsequent der Kommunikationsform anzupassen, auch wenn dies zunächst einen höheren Organisationsaufwand bedeutet. Die folgenden Maßnahmen können dazu beitragen, Umräumphasen zeitsparend und nervenschonend zu gestalten:

▶ Klaren Zeitrahmen vorgeben.
▶ Konkrete Sitzordnung vorgeben und ggf. für die Schüler visualisieren (statt „Bildet Gruppentische." besser: „Bildet fünf Gruppentische aus je zwei Tischen, einer hinten am Fenster, einer vorne bei der Tür ..." etc.).
▶ Die Länge der Arbeitsphase muss in sinnvollem Verhältnis zum Umbauaufwand stehen.
▶ Nicht zu viele Wechsel der Sitzordnung innerhalb einer Stunde.
▶ Aufwand möglichst gering halten: Werden z. B. bei der U-Sitzordnung die Quertische verschoben, entstehen schnell Gruppentische oder Platz für die Bewegung im Raum.
▶ Vor allem jüngere Schüler können mit einem Wettbewerb motiviert werden: Schafft die Lerngruppe den Umbau unter einer bestimmten Zeit und mit möglichst wenig Lärm, gibt es einen Preis.

Tipp: Obwohl viele Lehrkräfte und auch Schüler Methodenwechsel und Umbaumaßnahmen als lästig empfinden, bieten sie auch die Chance, Bewegungselemente in den Unterricht zu bringen. Diese können, gerade bei jüngeren Schülern, zu einer Verbesserung der Vernetzung der beiden Gehirnhälften und der Konzentrationsfähigkeit beitragen (Schiffler 2012).

Partner- und Gruppenfindung

Generell sollten die Gruppen so klein wie möglich sein, weil so eine höhere Sprechzeit des Einzelnen garantiert ist. Zudem arbeiten vor allem jüngere Schüler erfahrungsgemäß am konzentriertesten in Tandems und Kleingruppen. Erfordern die Klassenstärke oder die Aufgabenstellung doch einmal größere Gruppen, empfiehlt es sich, den einzelnen Gruppenmitgliedern zusätzliche Aufgaben zuzuteilen. Je nach Aufgabenstellung bieten sich z. B. die folgenden Rollenkarten an:

Tipp: Vor allem bei jüngeren und leistungsschwächeren Lerngruppen ist es sinnvoll, für die jeweiligen Rollen genaue Arbeitsaufträge und häufig verwendete Redemittel auf die Rückseite zu drucken, auf die die Schüler bei Bedarf zurückgreifen können.

Für die Zusammenstellung der Paare oder Gruppen gibt es verschiedene Möglichkeiten:

Verfahren zur Zusammenstellung	Einflussfaktoren für die Auswahl
▶ Zufall	▶ Präferenzen der Lerngruppe
▶ durch die Lerngruppe	▶ Präferenzen der Lehrkraft
▶ durch die Lehrkraft	▶ Methode und Lernziel
▶ Mischformen	▶ zur Verfügung stehende Zeit

Tipp: Um das im jeweiligen Kontext geeignete Verfahren zu finden, empfiehlt es sich, immer wieder neue Möglichkeiten auszuprobieren und mit den Schülern zu evaluieren.

Zufall

Eine bewährte Möglichkeit der Gruppeneinteilung nach dem Zufallsprinzip ist das laute Durchzählen – natürlich in der Zielsprache, und zwar bis zur Gesamtschülerzahl geteilt durch die geplante Gruppengröße. Sollen also 28 Schüler in Vierergruppen zusammenarbeiten, zählen sie bis sieben, und jeweils die Einser, Zweier etc. bilden eine Gruppe. Analog kann mit dem Alphabet verfahren werden.
Auch Bilder oder Gegenstände eigenen sich zur Gruppenzuweisung nach dem Zufallsprinzip. Dafür werden im o. g. Beispiel jeweils sieben rote, blaue, grüne und gelbe Kärtchen verteilt. Bei der Gestaltung sind der Fantasie keine Grenzen gesetzt. Neben verschiedenfarbigen Kärtchen eignen sich z. B.

- Gegenstände, z. B. Knöpfe, Smarties, Münzen,
- Spiel- oder Memory-Karten,
- Bilder, die entsprechend der geplanten Gruppengröße in Teile zerschnitten werden,
- Wörter aus verschiedenen Wortfamilien,
- grammatische Formen, z. B. Infinitiv – Simple Past – Past Participle (EN) oder konjugierte Verbformen (DE, FR, SP, IT, RU).

Ein zusätzlicher Kommunikationsanlass ergibt sich, wenn die Schüler einander ihre Wörter, Bilder oder Gegenstände nicht zeigen, sondern nur gegenseitig beschreiben dürfen. Auch durch den Einsatz von Dialogteilen kann die Kommunikation geübt werden:

Gruppe A, Partner 1: „Was sind deine Hobbys?"	Gruppe A, Partner 2: „Ich spiele Fußball."	Gruppe A, Partner 3: „Ich spiele Gitarre."
Gruppe B, Partner 1: „Was isst du gerne?"	Gruppe B, Partner 2: „Ich esse gerne Pizza."	Gruppe B, Partner 3: „Ich esse gerne Döner."

Eine andere Möglichkeit der Gruppenzuweisung ist das Aufstellen in einer Reihe nach bestimmten Kriterien, wobei die Schüler natürlich nur in der Fremdsprache kommunizieren dürfen:
- Alter/Geburtsdatum,
- Körpergröße, Schuhgröße, Haarlänge,
- Hausnummer, Entfernung zur Schule,
- Ziffern, z. B. Lieblingszahl, Endziffer der Handynummer,
- Anzahl der Geschwister, Haustiere, Cousins/Cousinen etc.,
- Zeiten, z. B. wann heute aufgestanden / gestern zu Bett gegangen,
- Farbskalen, z. B. Lieblings-/Haar-/Augenfarbe,
- alphabetische Reihenfolge, z. B. Anfangsbuchstabe des Vornamens, letzter Buchstabe des Nachnamens.

Tipp: Bei dieser Methode muss die Lehrkraft besonders auf die Einhaltung der 30-cm-Stimme achten! Um Platz für die Reihe zu schaffen, sollten zudem das Lehrerpult und die vorderen Tische zur Seite geräumt werden, um allzu großes Gedränge zu vermeiden.

Zuteilung durch die Lehrkraft

Soll die Einteilung in Gruppen nicht dem Zufall überlassen werden, kann die Lehrkraft diese selbst vornehmen. Dabei bestehen folgende Vorteile und Gefahren:

Vorteile	Gefahren
▶ Kann vermeiden, dass Schüler zusammenarbeiten, die sich überhaupt nicht mögen oder die sich gegenseitig ablenken ▶ Möglichkeit der Binnendifferenzierung durch: a) eher homogene Gruppen, die jeweils an das Leistungsniveau angepasste Arbeitsaufträge behandeln b) eher heterogene Gruppen, in denen die Leistungsstärkeren die Leistungsschwächeren unterstützen ▶ Zeitersparnis, wenn umständliche (Diskussion über die) Gruppenfindung entfällt	▶ Die Lehrkraft muss das Sozialgefüge innerhalb der Lerngruppe sehr gut kennen, um zu vermeiden, dass Schüler zusammenarbeiten, die sich überhaupt nicht mögen oder die sich gegenseitig ablenken ▶ Gefahr der Stigmatisierung als „gute" oder „schlechte" Schüler ▶ Kann von den Schülern als ungerecht und willkürlich wahrgenommen werden und zu Protest/Motivationsverlust führen

Zur reibungslosen Organisation kann die Lehrkraft z. B.
- ▶ die Namen der jeweiligen Gruppenmitglieder vorlesen,
- ▶ Bilder, Kärtchen etc. (s. o.) gezielt verteilen,
- ▶ Namenskärtchen auf die (Gruppen-)Tische stellen.

Tipp: Alle bisher beschriebenen Methoden der Zuteilung erfordern Bewegung im Raum und die Auflösung der gewohnten Sitzordnung. Um Verwirrung und Gedränge zu vermeiden, kann die Lehrkraft vorgeben, wo sich die neu entstandenen Gruppen treffen sollen, z. B. „Die Einser treffen sich hier vorne, die Zweier am Fenster, usw.".

Freie Wahl der Schüler

Je nach Klassenkonstellation, Aufgabenstellung und Präferenzen der Schüler bzw. der Lehrkraft kann es sinnvoll sein, dass die Schüler entscheiden, mit wem sie zusammenarbeiten wollen.

Vorteile	Gefahren
▶ Entscheidungen/Präferenzen der Schüler werden ernst genommen ▶ Vertrauensverhältnis, v. a. beim Austausch zu persönlichen Themen sinnvoll	▶ Unbeliebte / schlecht integrierte Schüler bleiben übrig ▶ Schüler lenken sich gegenseitig ab

Mischformen

Ein Kompromiss aus den bisher genannten Verfahren besteht darin, die Gruppenfindung durch die Schüler nach bestimmten Kriterien zu steuern, z. B. nach Arbeitstempo oder Interessen.

Lerntempoduett (vgl. Kap. 2.1):
Die Schüler arbeiten zunächst in Einzelarbeit. Sobald sie fertig sind, suchen sie sich einen Partner, der ebenfalls fertig ist. Somit hat bei diesen Verfahren das Arbeitstempo einen starken Einfluss auf die Partnerfindung.

Lernstationen:
An bestimmten Bereichen im Raum werden unterschiedliche Aufgaben, Medien und/ oder Themen angeboten. Die Schüler entscheiden, an welcher Station sie (zuerst) arbeiten möchten und finden sich dort in Gruppen zusammen.

Verabredungskarten *(appointment calendar)*:
Verabredungskarten können in einer Lerngruppe über einen längeren Zeitraum immer wieder zur effizienten Partner- und Gruppenfindung zum Einsatz kommen. Dafür erstellt jeder Schüler für sich eine Verabredungskarte, auf der für vorgegebene „Termine" jeweils bestimmte Partner festgelegt werden. Die Partner können von der Lehrkraft vorgegeben oder von den Schülern nach bestimmten Kriterien selbst ausgesucht werden. Die Lehrkraft gibt dann in einer Arbeitsphase je nach Aufgabentyp und Zielsetzung vor, mit welchem der Partner bzw. in welcher Gruppe die Schüler zusammenarbeiten.

Termin	Mögliche Vorgaben
8.00	Ein Partner, mit dem du besonders effektiv zusammenarbeitest
9.00	Zwei Partner, mit denen du besonders gerne zusammenarbeitest
10.00	Ein Partner, mit dem du sonst sehr selten zusammenarbeitest
11.00	Eine Gruppe, die dein Lehrer für dich aussucht

Tipp: Zur kreativen Bezeichnung der Paare/Gruppen eignen sich neben Uhrzeiten z. B. auch Wochentage, Orte, Farben oder Symbole.

2.3 Effektives Üben ermöglichen

Dieses Kapitel beschreibt, wie die Lehrkraft zu einer positiven Lernatmosphäre beitragen kann, in der die Schüler in simultanen Sprechaktivitäten eigenverantwortlich ihre mündliche Kommunikationskompetenz trainieren.

Die letzten Kapitel haben gezeigt, wie die Lehrkraft die individuelle Sprechzeit der Schüler erhöhen und Zeitverlust durch organisatorische Maßnahmen reduzieren kann. Die nächste Herausforderung besteht darin, dass die Schüler die gewonnene Sprechzeit auch tatsächlich effektiv für mündliche Kommunikation nutzen, indem sie
▶ die Zielsprache ihrem Lernstand angemessen verwenden,

- zum gegebenen Thema miteinander kommunizieren,
- produktiv mit Schwierigkeiten und Fehlern umgehen.

Das ist vor allem bei simultanen Sprechaktivitäten und vergleichsweise offenen Unterrichtsarrangements nicht selbstverständlich, da die Lehrkraft naturgemäß nicht jeden Schüler bei jedem Arbeitsschritt beaufsichtigen kann. Deshalb ist vonseiten der Schüler ein gewisses Maß an Motivation und die Übernahme von Verantwortung für den eigenen Lernprozess erforderlich.

Motivation und Eigenverantwortung sind auch aus Sicht der modernen Lernpsychologie wichtige Voraussetzungen für erfolgreiches Üben (Hüther 2002; Spitzer 2006). Lernen wird hier als aktiver, individueller Prozess verstanden. Dafür muss zunächst einmal die Aufmerksamkeit auf eine neue Information gerichtet sein. Diese wird dann mit bereits bestehendem Wissen abgeglichen. Je vielfältiger dabei die Vernetzungen sind, desto nachhaltiger das Lernen. Auch positive Emotionen und Wiederholungen in verschiedenen Kontexten wirken sich positiv auf das Behalten und die Abrufbarkeit des neu Gelernten aus.

Effektives Training der mündlichen Kommunikation erfolgt also, wenn die Schüler möglichst oft die Gelegenheit zum aktiven, eigenverantwortlichen Üben in verschiedenen, motivierenden Kontexten haben. Die nächsten Abschnitte erläutern, wie die Lehrkraft dazu beitragen kann durch

- das Ermöglichen von eigenverantwortlichem Lernen,
- differenzierte Rückmeldung und
- einen produktiven Umgang mit Fehlern.

Eigenverantwortliches Lernen

Eine wichtige Voraussetzung dafür, dass Menschen eine Handlung in Angriff nehmen, ist ein angemessenes Verhältnis von Erfolgswahrscheinlichkeit und Erfolgsanreiz (Atkinson 1957; Börner 1999). Die Bewertung eines angemessenen Verhältnisses zwischen Aufwand und Ergebnis sowie der Wert des Ertrages sind jedoch individuell und hängen von verschiedenen Faktoren ab. So muss der Ertrag durchaus keine externe Belohnung sein (diese Art der Motivation wird auch „extrinsisch" genannt). Er kann auch in der Handlung selbst liegen (dies wird in der Forschung auch als „intrinsische Motivation" bezeichnet). Um also die Bereitschaft der Schüler zur mündlichen Kommunikation zu wecken, müssen die Aufgaben so gestaltet werden, dass Erfolgswahrscheinlichkeit und Erfolgsanreize möglichst hoch sind:

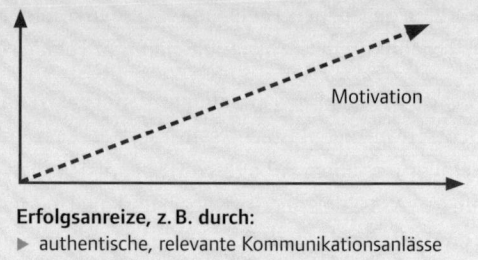

Erfolgswahrscheinlichkeit, z. B. durch:
- Transparenz über angestrebte Kompetenzerwartungen
- realistische, überschaubare Ziele
- gezielte Hilfestellungen

Motivation

Erfolgsanreize, z. B. durch:
- authentische, relevante Kommunikationsanlässe
- Einbeziehung von Schülerinteressen
- abwechslungsreiche, aktivierende Aufgaben

Weitere wichtige Ansätze zur Erhöhung der Lernbereitschaft sind das menschliche Bedürfnis nach Kompetenz und Selbstbestimmung (Deci/Ryan 1985) sowie die lernbezogenen Selbstbilder der Schüler (Hattie 2012: 40). Damit die Schüler sich beim Üben der mündlichen Kommunikation als kompetent und selbstbestimmt wahrnehmen, eignen sich die folgenden Maßnahmen:

- Einbeziehung der Schüler bei der Themenwahl bzw. Schwerpunktsetzung innerhalb eines vorgegebenen Themas,
- Wahlmöglichkeiten bei Themen, Inhalten und Aufgabenstellungen,
- Herstellung von Transparenz über Kompetenzerwartungen und Bewertungskriterien,
- Beteiligung der Schüler an der Aufstellung von Bewertungskriterien,
- Vermeidung kleinschrittiger Arbeitsphasen mit häufigen Zwischensicherungen, z. B. durch kooperative Methoden (vgl. Kap. 2.1) und/oder die Selbstkontrolle mit Lösungsbögen,
- Gelegenheit zur Selbstevaluation und -reflektion.

Tipp: Bei der Selbstevaluation fällt es vielen Schülern schwer, gezielt einen oder mehrere Aspekte in den Blick zu nehmen. Deshalb empfehlen sich vor allem bei jungen, sprachlich unsicheren oder in der Selbstevaluation wenig geübten Lernern Bögen mit nur wenigen Kriterien. Für quantifizierbare Aspekte (z. B. Gebrauch von Redemitteln, Nachfragen stellen, unbekannte Wörter umschreiben) eignet sich auch der Einsatz von Strichlisten, mit denen die Schüler dokumentieren, wie oft sie eine bestimmte Redewendung verwendet haben (vgl. auch die Beispiele auf S. 103 f.).

Bei allen genannten Maßnahmen ist für den Erfolg entscheidend, dass die Lehrkraft sich zurücknimmt und den Schülern tatsächlich Verantwortung für den eigenen Lernprozess überträgt. Denn durch ständige Rückmeldungen, Lob und externe Lernanreize kann der sogenannte „Korrumpierungseffekt" (DeCharms/Shea 1976) eintreten, d. h., dass die Wahrnehmung von Selbstbestimmung und Kompetenz gehemmt wird. Daraus folgt, dass in gewissem Umfang auch einmal negative Erfahrungen oder suboptimale Lernergebnisse in Kauf genommen werden. Diese dienen dann als Anlass für eine Reflektion und die Erarbeitung zukünftiger Verbesserungsmöglichkeiten.

Auch wenn die Schüler weitgehend selbstständig arbeiten, ist die Rolle der Lehrkraft für den Erfolg des eigenverantwortlichen Lernens äußerst wichtig (Gillies 2007: 193). Zu ihren Aufgaben gehört:
- Arbeitsmaterial zur Verfügung stellen,
- Schüler bei Bedarf in ihrem Arbeitsprozess beraten/unterstützen,
- auf Einhaltung von Regeln und Vereinbarungen achten,
- soziale und methodische Strategien anleiten,
- Transparenz über Ziele und Erwartungen herstellen,
- die Reflektion und Verbesserung von Arbeitsprozessen anregen.

Differenzierte Rückmeldung

Die realistische Selbsteinschätzung der unterrichtsbezogenen Leistungsfähigkeit hat einen entscheidenden Einfluss auf den Lernerfolg (Hattie 2012: 43f.). Rückmeldungen können den Schülern helfen, eine realistische Selbsteinschätzung zu entwickeln, und sich damit positiv auf Schülerleistungen auswirken (Voerman et al. 2012). Vor allem bei der mündlichen Kommunikation sind die Schüler auf Rückmeldungen angewiesen, da sie sich die Ergebnisse nicht, wie bei schriftlichen Aufgaben, später noch einmal anschauen und in Ruhe evaluieren können.

Damit Rückmeldungen von außen nicht das eigenverantwortliche Lernen untergraben, ist es entscheidend, dass für die Schüler Transparenz besteht in Bezug auf zugrunde liegende Kriterien und Kompetenzerwartungen und insbesondere die Unterscheidung zwischen Lern- und Leistungssituationen (vgl. Hattie 2012: 51f.). Mögliche Aspekte, auf die die Lehrkraft bei Rückmeldungen zu mündlichen Kommunikationsphasen Bezug nehmen kann, sind:
- Erfolgt der Klassenraumdiskurs in der Zielsprache?
- Wenden die Schüler Kommunikationsstrategien an?
- Werden Gesprächsregeln eingehalten? Findet eine Interaktion statt?
- Verwenden die Schüler die erarbeiteten/vorgegebenen Redemittel?
- Bringen sich die Schüler aktiv in Gruppenarbeitsprozesse ein?
- Sind die Äußerungen verständlich/flüssig?

Neben der Frage, in welchen Unterrichtsphasen Rückmeldungen sinnvoll sind, ist auch die Art der Rückmeldungen von Bedeutung. Studien haben gezeigt, dass sich nicht jede Art der Rückmeldung automatisch positiv auswirkt (Hattie/Timperley 2007; Kluger/De Nisi 1996). Unterschieden wird zwischen den folgenden Formen:
- bezogen auf einen bisherigen Leistungsstand vs. auf einen angestrebten Leistungsstand,
- positiv vs. negativ ausgerichtet,
- öffentlich vs. privat,
- spezifisch vs. unspezifisch.

Welche Art der Rückmeldung geeignet ist, kann individuell verschieden sein und hängt u. a. vom sogenannten Fähigkeitsselbstkonzept (Stiensmeyer-Pelster/Schöne 2008) der Lerner ab, d. h., wie sie ihre eigenen Fähigkeiten kognitiv wahrnehmen. Diese Selbstwahrnehmung wird beeinflusst davon, wie sie ihren eigenen Einfluss auf Erfolge bzw. Misserfolge interpretieren, und entscheidet mit über die Anstrengungsbereitschaft in zukünftigen Leistungssituationen (Weiner 2005):

	internal	external
stabil	Fähigkeit → zukünftige Anstrengungsbereitschaft gering	Aufgabenschwierigkeit → zukünftige Anstrengungsbereitschaft gering
variabel	Anstrengung → zukünftige Anstrengungsbereitschaft hoch	Zufall → zukünftige Anstrengungsbereitschaft gering

Deshalb ist es günstig, wenn Rückmeldungen internal-variable Attributionsmuster unterstützen, indem sie
- positiv formuliert sind („Du benutzt schon viele …" statt „Du benutzt noch nicht alle …"),
- spezifisch sind („Du hast in dieser Übung sehr frei gesprochen." statt „Mündliche Übungen liegen dir."),
- zukünftige Handlungen in den Blick nehmen („Versuche, beim nächsten Mal …"),
- individuell sind („Du hast zum Ergebnis der Gruppe beigetragen." statt „Ihr habt als Gruppe erfolgreich gearbeitet."),
- sich auf ein (im Vorfeld klar definiertes) Ziel beziehen,
- die Entwicklung berücksichtigen („Im Vergleich zum letzten Mal hast du / konntest du …").

Rückmeldungen können durch die Lehrkraft, aber auch durch Mitschüler erfolgen. Letzteres hat einige Vorteile:
- Die Schüler erhalten Verantwortung für den Lernprozess der Gruppe.
- Es können sich soziale Kompetenzen und eine Feedback-Kultur innerhalb der Lerngruppe entwickeln (vgl. Hattie 2012: 39).
- Rückmeldungen von Gleichgesinnten werden eher akzeptiert als die der Lehrkraft.
- Während simultaner Sprechphasen kann die Lehrkraft nicht alle Schüler beobachten und ihnen Rückmeldungen geben.

Tipp: Wie bei der Selbstevaluation empfiehlt sich auch für die gegenseitige Rückmeldung der Einsatz kriterienorientierter Beobachtungsbögen, die den Schülern helfen, ihre Beobachtungen zu fokussieren und festzuhalten, z. B. in Form von Strichlisten, Symbolen (z. B. Smileys), Ankreuzen oder kurzen Stichpunkten.

Besonders effektiv ist die gegenseitige Rückmeldung, wenn die Anregungen möglichst zeitnah umgesetzt werden können, z. B. indem die Schüler weitere ähnliche Kommunikationssituationen bewältigen oder ihre Dialoge noch einmal im Plenum vortragen.

Tipp: Bei der Partnerevaluation muss berücksichtigt werden, dass die Schüler eventuell Fehler nicht erkennen und in ihrer Rückmeldung nur positive Aspekte berücksichtigen. Deshalb sollte die Lehrkraft darauf achten, dass für jeden Schüler mindestens eine konkrete Verbesserungsmöglichkeit aufgezeigt wird.

Auch für die Lehrkraft ist es nicht einfach, Schüler gezielt zu beobachten und angemessene Rückmeldungen zu geben, zumal sie in simultanen Sprechphasen auch die Gesamtgruppe im Blick haben muss. Deshalb ist es sinnvoll, in jeder Stunde einen oder mehrere Schüler gezielt zu beobachten und die Beobachtungen systematisch zu rotieren und zu dokumentieren. Diese Beobachtungen liefern die Grundlage für individuelle Rückmeldungen am Ende einer Stunde oder Unterrichtseinheit. Bewährt hat sich auch eine vorbereitete Lernempfehlung (Philipp/Schinschke 2010), die für die Lehrkraft das Beobachten fokussiert und zudem von den Schülern z. B. zur Prüfungsvorbereitung genutzt werden kann. Das vorgestellte Beispiel bezieht sich auf die Niveaustufe B1:

Das kannst du noch verbessern

Inhalt:
- ☐ Nutze die Informationen aus der Aufgabe, z. B. Bilder, Fragen, Vokabeln.
- ☐ Nutze die Ideen deines Gesprächspartners und knüpfe an sie an.
- ☐ Versuche dich zu erinnern, was im Unterricht zu diesem Thema besprochen wurde.

Sprache:
- ☐ Habe keine Angst vor Fehlern. Es ist besser, etwas Falsches als gar nichts zu sagen.
- ☐ Benutze keine deutschen Wörter, sondern versuche, die Wörter mit eigenen Worten in der Fremdsprache zu umschreiben.
- ☐ Sprich klar und deutlich.
- ☐ Auf folgende Grammatikregeln solltest du in Zukunft besonders achten:
  _____
  _____
  _____

Gesprächsstrategien:
- ☐ Warte nicht, bis dein Gesprächspartner etwas sagt, ergreife selbst das Wort und halte das Gespräch in Gang, z. B. indem du Fragen stellst.
- ☐ Frage nach, wenn du etwas nicht verstanden hast.
- ☐ Wenn dein Gesprächspartner nachfragt, weil er etwas nicht verstanden hat, versuche deinen Satz anders zu formulieren.
- ☐ Denkpausen sind nicht schlimm. Du kannst sie durch Füllwörter überbrücken.
- ☐ Nutze Körpersprache (Mimik und Gestik).
- ☐ Versuche, deine Gedanken sprachlich miteinander zu verbinden.
- ☐ Beachte die Höflichkeitsregeln: Sieh deinen Gesprächspartner an, falle ihm nicht ins Wort.

Produktiver Umgang mit Fehlern

In der Praxis stoßen simultane Sprechphasen und eigenverantwortliche Lernarrangements bei vielen Lehrkräften spätestens dann auf Widerstand, wenn sie in solchen Phasen eine Häufung sprachlicher Fehler beobachten. In diesem Fall besteht die Befürchtung, dass sich die Fehler einschleifen, wenn sie unkorrigiert bleiben und ständig von mehreren Schülern wiederholt werden. Zudem könnten Schüler, die eigentlich die fragliche sprachliche Struktur bereits beherrschen, durch deren ständigen falschen Gebrauch bei den Mitschülern verunsichert werden und letztendlich den „Fehler" übernehmen.

Studien untermauern die Wichtigkeit eines produktiven Umgangs mit Fehlern für den Lernerfolg (vgl. Hattie 2012: 52f.). Doch wie sieht ein solcher produktiver Umgang mit sprachlichen Fehlern in mündlichen Kommunikationssituationen aus? Um diese Frage zu beantworten, beschäftigen sich die nächsten Abschnitte damit, was Fehler überhaupt sind und welche Rolle sie im Sprachlernprozess spielen. Darauf aufbauend werden konkrete Möglichkeiten der Fehlerkorrektur in mündlichen Kommunikationsphasen aufgezeigt.

Was sind eigentlich Fehler?

Ein Fehler im Fremdsprachenunterricht ist die Abweichung von einer verbindlichen Norm in Bezug auf sprachliche Richtigkeit, Regelhaftigkeit oder Angemessenheit (Lewandowski 1990: 297). Fehler können in verschiedenen Sprachbereichen auftreten:

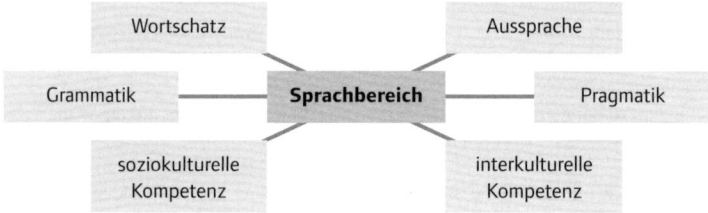

Da eine Sprache ein lebendiges, sich mit ihren Sprechern veränderndes System ist, können sich Normen verändern und Varietäten herausbilden. Deshalb muss letztendlich die Lehrkraft, bzw. die Fachschaft, anhand der institutionellen Vorgaben (Bildungsstandards, Rahmenrichtlinien und GeR) entscheiden, welche Norm sie ihren Schülern vermittelt und dementsprechend auch bei der Fehlerkorrektur anwendet.

Bei der Entscheidung, ob ein Fehler zu korrigieren ist, sollte die Lehrkraft Schwere und Kontext des Fehlers berücksichtigen:

▶ Fehler im Schriftlichen werden von Muttersprachlern eher strenger bewertet als im Mündlichen (Carter/McCarthy 2003).
▶ Besonders schwer wiegen Fehler, die die Kommunikation be- oder gar verhindern, z. B. „falsche Freunde" (Hughes/Lascaratou 1982), oder Fehler im Bereich der sozio-/interkulturellen Angemessenheit.

▶ In Unterrichtsphasen, in denen die mitteilungsbezogene Kommunikation im Vordergrund steht, wird weniger korrigiert als in formbezogenen Phasen (Kleppin 1998).

Die Rolle von Fehlern im Sprachlernprozess

Die moderne Sprachlerntheorie versteht das Erlernen einer Fremdsprache als Prozess, in dem sich die sogenannte „Interlanguage", also der aktuelle Sprachstand des Lerners, stetig verändert und dem der Zielsprache annähert (Selinker 1992). Fehler sind ein völlig normaler und notwendiger Teil dieses Prozesses. Zu unterscheiden sind Fehler der Kompetenz, also in der gegenwärtigen Interlanguage, und der Performanz, also in der konkreten Umsetzung. Performanzfehler, z. B. Versprecher, kommen auch bei Muttersprachlern vor und werden beeinflusst durch Ablenkung, Müdigkeit oder starke Emotionen (Corder 1967). Während für den Erwerb einer oder mehrerer Erstsprachen sprachlicher Input ohne explizite Fehlerkorrektur ausreicht, kann eine sinnvolle Fehlerkorrektur das institutionelle Fremdsprachenlernen durchaus unterstützen (Russel/Spada 2006):

▶ Die Schüler entwickeln ein Verständnis für den eigenen Lernprozess.
▶ Die Schüler gewinnen ein Verständnis der Funktionsweise von Sprache im Sinne einer Sprachbewusstheit (Wolff 2006).
▶ Die Schüler entwickeln ein Bewusstsein für die Möglichkeit der Selbstkorrektur.
▶ Die Lehrkraft gewinnt durch Fehler einen Einblick in die Lernprozesse der Schüler sowie eine Rückmeldung über den Erfolg des Unterrichts. Dadurch kann sie den Unterricht verbessern und ggf. Fehlern vorbeugende Maßnahmen ergreifen.

Maßnahmen zur Fehlerkorrektur in der mündlichen Kommunikation

Entscheidend für den Erfolg der „nachbereitenden Fehlertherapie" ist, dass der Schüler den Fehler bzw. die Verwendung der korrekten Form versteht und dass er sich auf keinen Fall bestraft oder zurechtgewiesen fühlt (Hattie 2012: 69 f.). Je nach Situation, Niveau, Vorerfahrungen und Charakter der Schüler kann eine erfolgreiche Fehlerkorrektur unterschiedlich aussehen. Transparenz über das Vorgehen sowie ritualisierte Abläufe schaffen dabei Sicherheit und erhöhen die Akzeptanz der Fehlerkorrektur.

Tipp: Die Lehrkraft sollte den Begriff „Fehler" gänzlich vermeiden und stattdessen „sprachliche Schwierigkeiten", „Unklarheiten" oder „Verbesserungsmöglichkeiten" verwenden.

Rückmeldungen zu Fehlern können sich beziehen auf:
▶ die formale Korrektheit, z. B. „Richtig." / „Genau." bzw. „Nein." / „Falsche Zeitform.",
▶ die Kommunikationsabsicht, z. B. „Ich verstehe, was du meinst." / „Ach, du meinst …?".

Zeitlich können Fehler unmittelbar nach ihrem Auftreten oder in einer späteren Phase korrigiert werden:

Verfahren		Zu beachten
Unmittelbare Korrektur	▶ Die korrigierte Form (ggf. mit Betonung) ohne expliziten Hinweis auf den Fehler wiederholen. ▶ Nachfragen oder um Wiederholung (der fraglichen Äußerung) bitten. ▶ Nonverbale Signale geben, z. B. Kopf schütteln, Augenbrauen heben, Handzeichen. ▶ Signalwörter verwenden, z. B. „Vergangenheit", „3. Person Singular" etc.	▶ Die Kommunikation möglichst nicht unterbrechen. ▶ Einzelne Schüler nicht bloßstellen oder lächerlich machen. ▶ Fehler als Lernanlass für die gesamte Gruppe betrachten.
Spätere Korrektur	▶ Individuelle Korrekturen auf Kärtchen schreiben und den Schülern am Ende der Phase aushändigen. ▶ Ausgewählte Fehler anonymisiert in einer Korrekturphase im Plenum besprechen. ▶ Die Lehrkraft präsentiert Fehler (anonymisiert!), die Schüler müssen den Fehler suchen und erklären.	▶ Fehler in Zusammenhang mit der kommunikativen Absicht stellen. ▶ Einzelne Schüler nicht bloßstellen oder lächerlich machen. ▶ Nur wenige, besonders häufige bzw. für den Kontext relevante Fehler auswählen.

Tipp: Werden nicht alle, sondern nur ausgewählte Fehler korrigiert, muss die Lehrkraft dies transparent machen. Ansonsten kann vor allem bei leistungsstärkeren Schülern Unsicherheit auftreten, wenn sie Fehler bei den Mitschülern erkannt haben, die aber nicht von der Lehrkraft korrigiert werden.

2.4 Mündliche Leistungsüberprüfungen

In diesem Kapitel geht es um die Planung, Durchführung und Bewertung alltagstauglicher Leistungsüberprüfungen, in denen die Schüler ihre mündliche Kommunikationskompetenz unter Beweis stellen können.

Eine wichtige Aufgabe jeder Leistungsüberprüfung besteht darin, die im Unterricht erworbenen Kompetenzen abzufragen. Deshalb ergibt sich aus einer Stärkung der Rolle der mündlichen Kommunikation im Unterricht die Notwendigkeit, diese auch im Rahmen mündlicher Leistungsüberprüfungen zu testen.

Diese Forderung ist auch zunehmend in den Bildungsplänen der Kultusministerien verankert. In vielen Bundesländern besteht die Möglichkeit, Klassenarbeiten oder Teile von Klassenarbeiten durch mündliche Leistungsüberprüfungen zu ersetzen. In einigen Bundesländern, z. B. Bayern und Nordrhein-Westfalen, ist dies sogar in bestimmten Jahrgangsstufen bereits verpflichtend.

Für eine solche Veränderung der Prüfungspraxis gibt es gute Gründe. Allerdings ist zu berücksichtigen, dass Tests und damit auch mündliche Leistungsüberprüfungen negative Auswirkungen auf die Unterrichtspraxis haben können (Loumbourdi 2014):

Chancen mündlicher Leistungsüberprüfungen	Gefahren mündlicher Leistungsüberprüfungen
▶ Aufwertung der mündlichen Kompetenzen im Sinne eines „Washback-Effekts" (McNamara 2000) ▶ Chance für Schüler mit Schwächen im Schriftlichen ▶ Motivierende Prüfungsform durch kommunikativ ausgerichtete, lebensnahe Aufgabenformate ▶ Schüler gewöhnen sich bereits früh an mündliche Prüfungsformate und können dadurch Prüfungsnervosität verringern	▶ Prüfungsstress/Prüfungsangst bei den Lernern ▶ Verlust der intrinsischen Motivation durch Bewertung der Leistung ▶ Fokussierung des Unterrichts auf die Prüfung ▶ Mangelnde Akzeptanz der Notengebung aufgrund der Flüchtigkeit mündlicher Leistungen ▶ Ablehnung durch die Lehrkräfte aufgrund des hohen organisatorischen Aufwands

Tipp: Mündliche Kommunikationsprüfungen eignen sich für alle Niveaustufen. Vor allem im Anfangsunterricht bieten sie eine sehr gute Möglichkeit, an den Fremdsprachenunterricht der Grundschule anzuknüpfen und von Anfang an die mündliche Kommunikationskompetenz zu stärken.

Um die Chancen mündlicher Prüfungsformate zu nutzen und negative Auswirkungen zu vermeiden, gelten für mündliche Leistungsüberprüfungen dieselben Qualitätskriterien wie für andere Test- und Prüfungsformate (Kieweg 1999):
- **Objektivität:** Die Bewertung ist unabhängig von den Prüfern.
- **Reliabilität:** Die Bewertung ist nicht verfälscht durch andere Einflussfaktoren (z. B. Nervosität, Streit zwischen den Prüflingen bei Gruppenprüfungen).
- **Validität:** Die Prüfung testet tatsächlich mündliche Kommunikationskompetenz (und nicht etwa Hör- oder Lesekompetenz).
- **Praktikabilität:** Die praktische Durchführung ist für alle Beteiligten mach- und zumutbar.
- Es besteht **Transparenz** für die Schüler hinsichtlich Ablauf, Aufgabenstellung und Anforderungen.
- Es gibt **Differenzierungsmöglichkeiten** für leistungsstarke und leistungsschwächere Schüler.
- **Ressourcenorientierung** statt Defizitorientierung: Es wird z. B. nach positiv formulierten Kriterien (statt nach Fehlern) bewertet.

Die nächsten Abschnitte zeigen, wie diese Gütekriterien konkret bei der Planung, Durchführung und Bewertung mündlicher Leistungsüberprüfungen umgesetzt werden können.

Organisatorische Fragestellungen

Auch wenn die Organisation und Durchführung mündlicher Leistungsüberprüfungen im Vergleich zu schriftlichen Arbeiten zunächst recht aufwendig ist, entstehen schnell Routinen und wiederverwendbare Materialien. Zudem fällt nach der mündlichen Leistungsüberprüfung keine Korrekturarbeit mehr an. Eine gute Zusammenarbeit mit den Fachkollegen erleichtert für jede einzelne Lehrkraft die Arbeit und erhöht die Transparenz und damit die Akzeptanz bei den Schülern.

Hinsichtlich der Gestaltung mündlicher Prüfungen bestehen in den meisten Bundesländern nur wenige curriculare Vorgaben, sodass für die Lehrkräfte bzw. Fachschaften ein relativ großer Gestaltungsspielraum besteht hinsichtlich:
- Länge, Umfang und zeitlichem Rahmen,
- Größe und Zusammensetzung der Prüfungsgruppen,
- Inhalten und Aufgabenformaten,
- Dokumentation und Bewertung.

Länge und Umfang der mündlichen Leistungsüberprüfung hängen von der gewählten Gruppengröße, dem Niveau der Schüler sowie der Gewichtung der Note ab. Bei sogenannten Klassenarbeiten mit mündlichen Anteilen findet nur eine Aufgabe in Form einer mündlichen Überprüfung statt. Dies kann z. B. eine Präsentation, ein Rollenspiel oder eine Diskussion sein. Wenn nicht nur ein Teil, sondern eine ganze Klassenarbeit durch eine mündlichen Kommunikationsprüfung ersetzt wird, hat diese in der Regel mindestens zwei Teile, in denen die Kompetenzen „Zusammenhängendes Sprechen" und „An Gesprächen teilnehmen" überprüft werden. Die Dauer einer mündlichen Kommunikationsprüfung mit zwei bis drei Prüfungsteilen liegt meist zwischen fünf (Niveau A1) und 30 (Niveau B2) Minuten, wobei die Dauer mit steigender Gruppengröße entsprechend zunimmt.

Tipp: Wenn eine Vorbereitungszeit geplant ist, sollte diese möglichst so lang wie die tatsächliche Prüfung sein. Auf diese Weise behält die Lehrkraft leichter den Überblick, wer wann die Prüfung bzw. die Vorbereitung beginnt. Dieses Vorgehen ist zudem ökonomisch, da so jeweils drei Prüfungsgruppen dieselben Materialien benutzen können.

Mündliche Leistungsüberprüfungen können außerhalb der Unterrichtszeit, während der Unterrichtszeit oder während eines Unterrichtstages stattfinden.

Organisationsform	Ablauf	Zu beachten
Außerhalb der Unterrichtszeit	Die Schüler kommen an einem freien Tag, Nachmittag, Wochenendtag für ihre Prüfung in die Schule.	▶ Führt möglicherweise zu negativer Sicht auf die Prüfung, da Schüler und Lehrkräfte dafür ihre freie Zeit „opfern" müssen.

Organisationsform	Ablauf	Zu beachten
Während der Unterrichtszeit	Die Lerngruppe wird von einer Vertretungslehrkraft betreut. Die einzelnen Prüfungsgruppen verlassen für ihre jeweilige Prüfung den Unterricht.	▶ Prüfung kann sich über mehrere Wochen hinziehen. ▶ Ausreichend (Stillarbeits-) Aufgaben für die Lerngruppe bereitstellen.
Während eines Unterrichtstages	Die Schüler haben normalen Unterricht und verlassen diesen für ihre jeweilige Prüfung.	▶ Erfordert eine hohe Akzeptanz im Kollegium, da ein oder zwei Lehrkräfte einen ganzen Tag vom Unterricht befreit sind.

Bei einer Durchführung während der Unterrichtszeit oder während eines Unterrichtstages sollte die Lehrkraft rechtzeitig Vertretungslehrer und -material für den eigenen Unterricht sowie geeignete Räume für die Prüfung und ggf. die Vorbereitungszeit organisieren. Findet die Prüfung außerhalb der Unterrichtszeit oder während eines Unterrichtstages statt, können sich die Lehrkräfte aus Parallelklassen zusammenschließen. Auf diese Weise stehen genug Zweitprüfer und ggf. Aufsichtspersonen für den Vorbereitungsraum zur Verfügung und es werden insgesamt weniger Materialien benötigt.

Als Gruppengröße werden meist Paare oder Kleingruppen gewählt, da diese
▶ effizienter in Bezug auf die Gesamtprüfungszeit und das eingesetzte Material sind,
▶ ermöglichen, die Kompetenz der Teilnahme an Gesprächen zu überprüfen,
▶ eine entspannte Gesprächssituation ermöglichen,
▶ die Bewertung erleichtern, da sich die Prüfer besser auf die Schüler konzentrieren können, als wenn sie selbst am Gespräch teilnehmen.

Tipp: Für den Ablauf ist ein Prüfungsplan hilfreich, der festlegt, wann für welchen Schüler / welche Gruppe die Vorbereitungszeit bzw. die Prüfung beginnt. Dieser sollte auch im Klassenbuch/Klassenraum/Lehrerzimmer/Sekretariat ausliegen.

Die Gruppenzusammensetzung kann nach Zufall, Sympathie oder Leistungsstand erfolgen, wobei im letzteren Fall eine Einteilung in homogene oder heterogene Gruppen denkbar ist. Bei der Zusammensetzung ist zu berücksichtigen, dass einzelne Schüler sich evtl. vor Mitschülern gehemmt fühlen oder, im Fall von Gruppenprüfungen, bewusst oder unbewusst aus dem Gespräch ausgeschlossen werden. Dementsprechend hängt die gewählte Gruppenzusammensetzung stark von der Situation der jeweiligen Lerngruppe ab.

Inhalte und Aufgabenformate

Wie bei schriftlichen Leistungsüberprüfungen orientieren sich die Inhalte und Themen einer mündlichen Kommunikationsprüfung an denen der jeweiligen Unterrichtseinheit. Dementsprechend eignet sich eigentlich jedes Thema für eine mündliche Kommunikationsprüfung, sofern es die Grundlage für eine Aufgabe zum zusammenhängenden Sprechen und zur Teilnahme an Gesprächen bzw. Diskussionen bietet.

Die Aufgaben sollten in nachvollziehbare, möglichst authentische Handlungssituationen eingebettet sein. Die folgenden Aufgabenformate haben sich bewährt:

Zusammenhängendes Sprechen	Teilnahme an Gesprächen
▶ Präsentation, z. B. der eigenen Person/ Lebenssituation oder eines gegebenen Materials, z. B. Text, Buch, Film ▶ Nacherzählung einer Handlung, z. B. Geschichte, Film ▶ Beschreibung eines gegebenen Materials, z. B. Foto, Bild, Karikatur, Statistik, Karte	▶ Gespräch zu persönlichen Erfahrungen, Einstellungen, Meinungen ▶ Rollenspiel, ggf. auf der Grundlage von Rollenkarten ▶ Diskussion zu kontroversen Themen oder Fragestellungen ▶ Sprachmittlung

Tipp: Bei der Konzeption der Aufgaben ist darauf zu achten, dass die Gesprächsführung weitestgehend bei den Schülern liegt und die Lehrkraft möglichst wenig eingreift. Voraussetzungen dafür sind, dass die Schüler
▶ mit den geforderten Aufgabenformaten bzw. Gesprächsformen vertraut sind,
▶ die nötigen Redemittel zur Gesprächsführung beherrschen,
▶ die Aufgabenstellungen verstehen.

Die Aufgaben für die verschiedenen Prüfungsgruppen sollten in etwa vergleichbar sein in Bezug auf Schwierigkeitsgrad und Ergiebigkeit. Dies gilt auch, wenn Materialien (Bilder, Texte etc.) als Grundlage gewählt werden. Das Schwierigkeitsniveau der jeweiligen Aufgabenstellung kann angepasst werden durch:
▶ sprachliche Hilfen (z. B. Vokabelangaben zu Text- oder Bildmaterialien, Wortbanken auf den Rollenkarten),
▶ inhaltliche Hilfen (z. B. Argumente auf den Rollenkarten),
▶ Vorbereitungszeit vor der Prüfung,
▶ Vorbereitung innerhalb des Unterrichts.

Tipp: Bei einer Vorbereitungszeit besteht die Gefahr, dass sich die Schüler sehr ausführliche Notizen machen, die sie dann in der Prüfung ablesen, anstatt frei zu sprechen. Dies kann vermieden werden durch gezieltes Strategietraining im Vorfeld (vgl. Kap. 4.3) und ggf. durch die Regel, dass Notizen nicht in den Prüfungsraum mitgenommen werden.

Wenn in der Sekundarstufe II eine mündliche Leistungsüberprüfung eine Klausur ersetzt, müssen neben den beiden Kompetenzen des zusammenhängenden Sprechens und der Teilnahme an Gesprächen auch die drei Anforderungsbereiche (vgl. Einheitliche Prüfungsanforderungen lt. Beschluss der KMK vom 01. 12. 1989 i. d. F. vom 05. 02. 2004) berücksichtigt werden. Diese Anforderung wird in einer zweiteiligen Prüfung erfüllt:

	Materialgrundlage	Anforderungsbereich	Kompetenzen
Erster Prüfungsteil	Foto, Zeichnung, Gemälde, Karikatur, Werbeanzeige, Statistik, Grafik, Text	Anforderungsbereich I (Reproduktion)	nennen, beschreiben, zusammenfassen, skizzieren, wiedergeben, präsentieren, vorstellen, darstellen
		Anforderungsbereich II (Reorganisation)	analysieren, vergleichen, gegenüberstellen, untersuchen, erklären, einordnen, in Beziehung setzen, charakterisieren
Zweiter Prüfungsteil	Rollenkarten, Zitat, Schlagwort, provokante Aussage	Anforderungsbereich III (Werten und Gestalten)	beurteilen, erörtern, Stellung nehmen, bewerten, interpretieren, gestalten, entwerfen, verfassen

Dokumentation und Bewertung

Für die Dokumentation haben sich Notizen und der Einsatz kriterienorientierter Bewertungsbögen bewährt. Gerade bei Paar- und Gruppenprüfungen ist die genaue Beobachtung für zwei Prüfer leichter. Wer auf Nummer sicher gehen will, zeichnet die Prüfung zusätzlich auf Video oder Tonband auf. Dazu ist allerdings aufgrund datenschutzrechtlicher Bestimmungen die Zustimmung der Schüler bzw. der Erziehungsberechtigten nötig.

Tipp: Es empfiehlt sich, nach jeweils zwei bis vier Prüfungsgruppen eine kurze Pause einzuplanen, damit die Prüfer die Bewertungsbögen ausfüllen und ihre Beobachtungen besprechen können.

Für die Bewertungskriterien gelten folgende Anforderungen:
- den Schülern im Vorfeld bekannt,
- positiv und konkret formuliert,
- an den Deskriptoren des GeR (Europarat 2001) orientiert.

Die Bewertungskriterien werden üblicherweise wie bei schriftlichen Klausuren und Klassenarbeiten in drei Bereiche aufgeteilt:

Inhalt	▸ Relevanz, Adressatenbezug ▸ Kohärenz, Themenentwicklung ▸ Genauigkeit, Ausführlichkeit ▸ Aufgabenerfüllung, inhaltliche Korrektheit
Strategie	▸ Flüssigkeit, freies Sprechen ▸ Eingehen auf die Zuhörer/Interaktionspartner ▸ Beitrag zur Fortsetzung bzw. zum Ergebnis der Interaktion ▸ Kompensation sprachlicher Unsicherheiten/Schwierigkeiten ▸ Kontrolle und Reparaturen
Sprache	▸ Komplexität und Umfang von Wortschatz und sprachlichen Strukturen ▸ sprachliche Korrektheit (Grammatik, Wortschatz, Aussprache, Intonation) ▸ Artikulation, Sprechtempo, Lautstärke ▸ pragmatische/soziolinguistische Angemessenheit, Idiomatik

Tipp: Im Vergleich zu den mündlichen Abiturprüfungen des 4. bzw. 5. Abiturfaches sind mündliche Kommunikationsprüfungen deutlich interaktiver. Dementsprechend sollten die strategischen Kompetenzen auch in der Bewertung einen höheren Stellenwert haben.

Bei einer mündlichen Prüfung haben kommunikative Kompetenzen einen höheren Stellenwert als bei schriftlichen Leistungsüberprüfungen. Für die Gewichtung der einzelnen Kriterien empfiehlt sich eine Orientierung an Absprachen der Fachschaft sowie an der Gewichtung der einzelnen Aspekte innerhalb des vorbereitenden Unterrichts und in der Aufgabenstellung.

2.5 Internationale Sprachzertifikate (CAE, DELF, DELE & Co.)

Dieses Kapitel zeigt, wie die Schüler gezielt auf die spezifischen Anforderungen des mündlichen Prüfungsteils internationaler Sprachzertifikate vorbereitet werden können.

Der Erwerb international anerkannter Sprachzertifikate erfreut sich zunehmender Beliebtheit bei Schülern, Eltern und Lehrern. Zum einen können die Schüler damit im Ausland ihre Sprachkenntnisse nachweisen, z. B. bei der Bewerbung um Praktika, Jobs und Studienplätze. Zum anderen ist es für die Schüler sehr motivierend, zu sehen, dass sie mit ihren Sprachkenntnissen auch im Vergleich mit anderen Fremdsprachenlernern aus aller Welt mithalten können.

Viele Sprachzertifikate sind an den Kompetenzen des GeR (Europarat 2001) ausgerichtet, um die Transparenz und Vergleichbarkeit der Ergebnisse zu erhöhen. Demensprechend berücksichtigen sie neben Hör-, Schreib- und Lesekompetenz auch die Sprechkompetenz, die meist in einem eigenen mündlichen Prüfungsteil unter Beweis gestellt wird. Aufgrund der hohen Beliebtheit auch bei jüngeren Sprachenlernern gibt es häufig Testformate, die sich explizit an Schüler richten (z. B. KET/PET), bei einigen kann sogar ein Teil an der Schule durchgeführt werden (z. B. DELF scolaire).

Die Übersicht zeigt die Zuordnung gängiger internationaler Zertifikate zu den Niveaustufen des GeR:

	Englisch	Französisch	Spanisch	Italienisch
A1		DELF A1, DELF scolaire A1		PLIDA A1, PLIDA A1 Juniores
A2	Key English Test (KET)	DELF A2, DELF scolaire A2		PLIDA A2, PLIDA A2 Juniores
B1	Preliminary English Test (PET)	DELF B1, DELF scolaire B1	DELE Nivel Inicial B1	PLIDA B1, PLIDA B1 Juniores
B2	First Certificate of English (FCE)	DELF B2, DELF scolaire B2	DELE Nivel Intermedio B2	PLIDA B2, PLIDA B2 Juniores

	Englisch	Französisch	Spanisch	Italienisch
C1	Certificate in Advanced English (CAE)	DALF C1		PLIDA C1, PLIDA C1 Juniores
C2	Certificate of Proficiency in English (CPE)	DALF C2	DELE Nivel Superior C2	PLIDA C2, PLIDA C2 Juniores

Tipp: Die ebenfalls an den Kompetenzerwartungen des GeR orientierten Sprachzertifikate TELC (The European Language Certificate) gibt es, teilweise auch explizit für Schüler, in den Sprachen Arabisch, Deutsch, Englisch, Französisch, Italienisch, Polnisch, Portugiesisch, Russisch, Spanisch und Türkisch.

Die meisten Prüfungen sind so gestaltet, dass eine explizite Vorbereitung nicht nötig ist. Dennoch gehen viele Schüler mit einem besseren Gefühl in die Prüfung, wenn sie die Gelegenheit hatten, sich auf Anforderungen, Aufgabenformate und Inhalte vorzubereiten. Diese Vorbereitung kann auf verschiedene Weise organisiert werden:
▶ in einer Arbeitsgemeinschaft,
▶ im normalen Unterricht, wenn die gesamte Lerngruppe teilnimmt,
▶ in einer Unterrichtseinheit mit freiwilligen Elementen (z. B. im Stationenlernen), wenn nur ein Teil der Lerngruppe teilnimmt.

Doch wie kann eine solche Prüfungsvorbereitung speziell für den mündlichen Prüfungsteil aussehen? Eine Möglichkeit ist, auf der Basis der Aufgabenstellungen vergangener Jahre Prüfungen zu simulieren. Dieses Vorgehen ist aber vor allem in größeren Lerngruppen relativ zeitaufwendig und es werden möglicherweise nicht alle Themenbereiche abgedeckt. Außerdem ist es aus lerntheoretischer Sicht günstig, wenn die Schüler sich benötigte Redemittel und Strategien selbstständig und kooperativ erarbeiten (vgl. Kap. 2.3). Wenn die Schüler in solchen Lernarrangements eigenverantwortlich arbeiten, entsteht zudem für die Lehrkraft Zeit, mit den Schülern individuell zu üben und Prüfungssimulationen durchzuführen.

Die Lehrkraft kann ausgehend von möglichen Themengebieten und Aufgabenformaten entscheiden, welche Kenntnisse die Schüler benötigen, um ihre jeweilige Prüfung erfolgreich zu meistern:

Niveaustufe	Aufgabenformate	Themen
A1	▶ persönliche Fragen beantworten ▶ dem Prüfer Fragen stellen ▶ Dialoge in Alltagssituationen	▶ sich vorstellen (Alter, Adresse etc.) ▶ Hobbys, Freizeit ▶ Einkaufen, Restaurantbesuch ▶ Erkundigungen einholen/beantworten (z. B. Wegbeschreibungen, Fahrpläne)

Niveaustufe	Aufgabenformate	Themen
A2	▶ persönliche Fragen beantworten ▶ sich vorstellen ▶ (problemorientierte) Dialoge in Alltagssituationen	▶ Schule, Ausbildung ▶ Wohnung/Haus, Heimatort ▶ vergangene Erlebnisse, Zukunftspläne ▶ Shopping, Reisen, Sehenswürdigkeiten
B1	▶ persönliche Fragen beantworten ▶ Text präsentieren ▶ Bild beschreiben ▶ eigenen Standpunkt vertreten	▶ Bildung, Erziehung ▶ Umwelt, Tourismus ▶ Kultur, Medien ▶ Reisen, Auslandsaufenthalte
B2	▶ persönliche Fragen beantworten ▶ Text präsentieren ▶ Bild beschreiben ▶ eigenen Standpunkt vertreten	▶ Bildung, Erziehung ▶ Politik, Umwelt, Tourismus ▶ Kultur, Medien ▶ Reisen, Auslandsaufenthalte

In der Prüfungsvorbereitung kann die Gruppe diese Themenbereiche der Reihe nach durchgehen und dazu jeweils die folgenden Aspekte trainieren:
- themenspezifische Redemittel,
- Anforderungen der Aufgabenformate,
- allgemeine kommunikative Strategien und Prüfungsstrategien.

Tipp: Vor allem, wenn wenig Zeit zur Verfügung steht, bietet sich als Lernarrangement das Lernen an Stationen an, weil die Schüler hier je nach Vorkenntnissen selbst Schwerpunkte setzen können.

Im Folgenden werden ausgehend von diesen drei Bereichen konkrete Methoden und Maßnahmen zur gezielten Prüfungsvorbereitung vorgestellt. Dabei wird davon ausgegangen, dass die Schüler das angestrebte Niveau der jeweiligen Prüfung bereits erreicht haben. In der Prüfungsvorbereitung geht es also nicht mehr darum, neue Redemittel, grammatische Strukturen oder Kompetenzen zu erwerben, sondern die bereits vorhandenen Kompetenzen gezielt in Hinblick auf die anstehende mündliche Sprachprüfung zu trainieren.

Themenspezifische Redemittel
Für die gezielte Wiederholung von Redemitteln im Rahmen der Prüfungsvorbereitung eignet sich insbesondere das Erstellen von Redemittellisten oder Mindmaps nach Themengebieten. Vor allem Mindmaps eignen sich für die Prüfungsvorbereitung, denn sie
- ermöglichen eine übersichtliche Struktur,
- sind individuell strukturier- und erweiterbar,
- bieten Möglichkeiten zur individuellen Gestaltung (z. B. auch mit Bildern, Symbolen, Farben),
- können auch grammatische Informationen, z. B. zu Geschlecht, Konjugation, enthalten,
- visualisieren auch Vernetzungen zwischen verschiedenen Redemitteln.

Je nach zur Verfügung stehender Zeit, Sprachniveau und Präferenzen der Lerngruppe gibt es verschiedene Möglichkeiten der methodischen Umsetzung:
▶ Die Schüler erarbeiten allein oder in Teams selbstständig Mindmaps zu den Themen, evtl. mithilfe von Wörterbüchern oder Stütztexten.
▶ Die Schüler erstellen Mindmaps aus vorgegebenen Redemitteln mithilfe der sogenannten Strukturlegetechnik (Wahl 2006).
▶ Die Schüler erarbeiten arbeitsteilig Mindmaps zu verschiedenen Themen, die sie sich dann, z. B. im Galeriegang (vgl. Kap. 2.1), gegenseitig vorstellen und zur Verfügung stellen.

Anforderungen der Aufgabenformate
Ein weiterer wichtiger Aspekt in der Vorbereitung auf den mündlichen Teil eines Sprachzertifikates besteht darin, dass sich die Schüler mit den Anforderungen der typischen Aufgabenformate vertraut machen. Diese können die Schüler kennenlernen und einüben, indem sie sie untereinander mithilfe von kooperativen Methoden ausprobieren:

Aufgabentyp	Methoden zur Vorbereitung in Partner-/Gruppenarbeit
Fragen beantworten	Die Schüler stellen und beantworten sich gegenseitig Fragen auf der Basis von Bild- oder Stichwortkärtchen (vgl. S. 63), z. B. in Partnerarbeit oder im Omniumkontakt (vgl. Kap. 2.1).
Fragen stellen	
Dialoge in Alltagssituationen	Die Schüler simulieren frei oder auf der Basis von Rollenkarten Dialoge, z. B. in Partnerarbeit oder im Omniumkontakt (vgl. Kap. 2.1).
Texte präsentieren	Die Schüler machen sich in Einzelarbeit Notizen zu gegebenen Texten oder Bildern und präsentieren sich ihre Informationen gegenseitig, z. B. in Partnerarbeit, Expertenpuzzle, Bushaltestelle, Dreiergespräch (vgl. Kap. 2.1).
Bilder beschreiben	
Eigenen Standpunkt vertreten	Die Schüler machen sich in Einzelarbeit Notizen zu ihrem Standpunkt und möglichen Argumenten und diskutieren dann in Partnerarbeit, Bushaltestelle oder Kugellager (vgl. Kap. 2.1).

Tipp: Vor allem bei den höheren Niveaustufen treten oft komplexe Arbeitsaufträge auf, bei denen z. B. ein Bild zunächst beschrieben und dann kommentiert werden soll. Diese Anforderung sollte in der Vorbereitung gezielt eingeübt werden, damit die Schüler nicht in der Aufregung der Prüfungssituation einen Teil der Aufgabe vergessen.

Kommunikative Strategien und Prüfungsstrategien
Damit die Schüler die beschriebenen Anforderungen und Aufgabenformate erfolgreich meistern können, benötigen sie neben themenspezifischen Redemitteln auch allgemeine kommunikative Strategien sowie spezifische Prüfungsstrategien:

Allgemeine kommunikative Strategien	Spezifische Prüfungsstrategien
▶ Techniken zum Umgang mit Wortschatzlücken und Verständnisschwierigkeiten ▶ Redemittel zur Bekundung von Interesse, Anteilnahme etc. ▶ Füll- und Verzögerungswörter ▶ nonverbale und paralinguistische Signale (z. B. Gestik, Mimik, Körperhaltung, Stimmhöhe, Intonation)	▶ Smalltalk mit dem Prüfer ▶ aufmerksam zuhören und ggf. in der Zielsprache nachfragen, um die Fragen/Aufgabenstellungen richtig zu verstehen ▶ einsilbige Antworten bzw. Redebeiträge vermeiden ▶ bei Unsicherheit besser improvisieren, als gar nichts zu sagen

Es empfiehlt sich, diese und ggf. weitere, individuelle Strategien mit den Schülern explizit zu wiederholen oder zu erarbeiten (vgl. Kap. 4.3). Dafür eignen sich am besten Prüfungssimulationen, die in verschiedenen Konstellationen organisiert werden können:

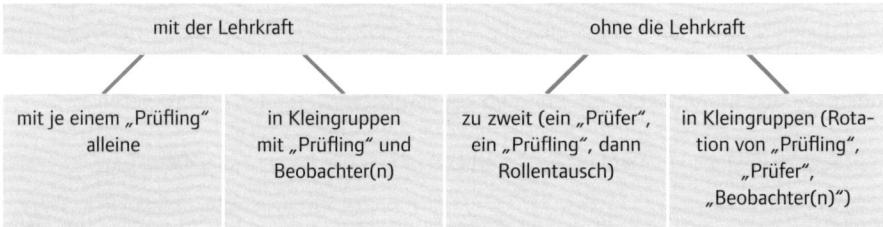

Tipp: Wenn die Schüler untereinander Prüfungen simulieren, sollten sie die „Prüfer" siezen, um die korrekte Verbkonjugation einzuüben.

Wie in der Vorbereitung mündlicher Klassenarbeiten und Klausuren hat sich auch hier der Einsatz kriterienorientierter Selbst- und Partnerevaluationsbögen (vgl. Kap. 2.3) bewährt.

2.6 Checkliste: Rahmenbedingungen herstellen

Die **Methoden** sind so gewählt, dass
- ☐ jedem einzelnen Schüler möglichst viel Sprechzeit zukommt,
- ☐ sich durch methodische Vielfalt verschiedene Schüler mit unterschiedlichen Präferenzen angesprochen fühlen,
- ☐ alle Schüler durch individuelle Verantwortlichkeit aktiv sind.

Die **Organisation der Sozialformen** ermöglicht
- ☐ jedem Schüler eine möglichst hohe Sprechzeit und Eigenaktivität,
- ☐ eine zügige und reibungslose Partner- und Gruppenfindung,
- ☐ das Training sozialer Kompetenzen.

Während **mündlicher Übungsphasen**
- ☐ besteht ausreichend Zeit und Gelegenheit zum Ausprobieren,
- ☐ werden Fehler als Lerngelegenheiten erkannt und akzeptiert,
- ☐ tragen die Schüler Verantwortung für den eigenen Lernprozess.

Die **Bewertung** mündlicher Kommunikation
- ☐ ist transparent und kriterienorientiert,
- ☐ berücksichtigt individuelle Leistungsfortschritte,
- ☐ wird begleitet von motivierendem Feedback.

Die Vorbereitung auf den **mündlichen Teil internationaler Sprachzertifikate** beinhaltet
- ☐ eine systematische Vorbereitung auf die relevanten Themenfelder,
- ☐ das gezielte Training von Prüfungsstrategien,
- ☐ Simulationen mit anschließendem kriteriengeleiteten Feedback.

3 Kommunikationsanlässe schaffen

Neben den passenden Rahmenbedingungen ist eine wichtige Voraussetzung für gelungene mündliche Kommunikation im Fremdsprachenunterricht, dass die Schüler einander tatsächlich etwas zu sagen haben. Die nächsten Abschnitte zeigen Möglichkeiten, zu jedem Thema und in jeder Stunde motivierende und authentische Kommunikationsanlässe zu schaffen bzw. bereits vorhandene Kommunikationsbedürfnisse der Schüler zu nutzen. Dafür gibt es passend zu den einzelnen Kommunikationsanlässen jeweils praktische Hinweise zur Vorbereitung, Durchführung und Ergebnissicherung bzw. Evaluation.

3.1 Präsentationen

In diesem Kapitel geht es darum, Schülerpräsentationen als motivierende Anlässe zum monologischen Sprechen zu gestalten, von denen auch die Zuhörer profitieren.

Durch Präsentationen wird vor allem die Kompetenz des monologischen Sprechens geschult. Der GeR (Europarat 2001: 64 ff.) teilt das monologische Sprechen ein in die Teilbereiche „Erfahrungen beschreiben", „Argumentieren", „Öffentliche Durchsagen machen" und „Vor Publikum sprechen". Bei einer erfolgreichen Präsentation kommen vielfältige Kompetenzen zum Einsatz:

Präsentationskompetenzen				
freies bzw. notizengestütztes Sprechen	Beschaffung, Auswertung und Aufarbeitung von (Text-)Material	Berücksichtigung/ Einbindung der Zuhörer	Einsatz passender Visualisierung	Einsatz nonverbaler Elemente

Diese Kompetenzen sind für Schüler sowohl im schulischen Kontext als auch später im Studium und/oder im beruflichen Alltag relevant. Zudem profitieren vor allem unsichere Schüler von der Möglichkeit, Präsentationen im Vorfeld vorzubereiten und einzuüben. Somit sind Präsentationen gut geeignet, die Schüler schrittweise an das zunehmend freie monologische und dialogische Sprechen heranzuführen. Sie können und sollten deshalb bereits im Anfangsunterricht regelmäßig geübt werden.

Die unterrichtliche Umsetzung von Schülerpräsentationen gliedert sich in mehrere Phasen. Diese sind je nach Umfang und Zielsetzung der Präsentation unterschiedlich umfangreich, sollten aber von Anfang an konsequent eingehalten werden:
1. Themenfindung,
2. Vorbereitung,

3. Einüben,
4. Präsentation,
5. Feedback/Evaluation.

Tipp: Vor allem zeitintensive Schritte wie Recherchen und das Einüben können bei Zeitknappheit zumindest teilweise in die Hausaufgabe verlegt werden. Wichtig ist aber, dass die Schritte explizit in der Aufgabenstellung benannt und/oder visualisiert werden.

Themenfindung

Im Prinzip eignet sich jedes Thema für eine Präsentation, das für die Schüler interessant und relevant ist. Allerdings ist zu berücksichtigen, dass die Schüler ein gewisses Maß an Redemitteln benötigen, um sich mit dem Thema auseinandersetzen zu können. Die folgenden Themenbeispiele eignen sich besonders für die jeweiligen Niveaustufen:

Niveau	Themenbeispiele
ab A1	Grundlegende Vorstellung von Personen: Name, Adresse, Alter, Hobbys etc.
ab A2	Ausführliche Darstellung persönlicher Informationen: Wohnsituation, Stadt, Schule, Erlebnisse, Pläne; Beschreibung von Personen, Gegenständen, Tätigkeiten, Bildern, Berufen
ab B1	Urlaubsziele (Länder, Städte, Sehenswürdigkeiten, Wetterbericht), Stars, Musikgruppen, Filme, Bücher, Bilder, Comics, Mode/Körperschmuck
ab B2	Komplexe Zusammenhänge und Sachverhalte, z. B. politische Systeme, soziale Probleme, Textanalysen, aktuelle Nachrichten

Die Präsentationen sollten möglichst in den thematischen Kontext der jeweiligen Unterrichtsreihe eingebunden sein. Auf diese Weise entstehen inhaltliche Verbindungen zwischen den einzelnen Vorträgen, und Präsentierende wie Zuhörer verfügen über ein gewisses Kontextwissen und themenspezifisches Vokabular.

Besonders günstig ist es, wenn Schüler die Themen selbst wählen können, damit die folgenden Voraussetzungen für effektives Lernen (vgl. Kap. 2.3) gegeben sind:
▶ Lebensweltbezug,
▶ affektiver Zugang zum Thema,
▶ Anknüpfung an das Vorwissen.

Tipp: Wenn die völlig freie Themenwahl nicht infrage kommt, kann die Lehrkraft einige Themen zur Auswahl anbieten. Noch größer wird die Wahlmöglichkeit dabei, wenn mehr Themen als Vortragende zur Verfügung stehen.

Die Einbeziehung der Schülerinteressen bei der Themenwahl erfordert von der Lehrkraft eine hohe Flexibilität und eine gewisse Kreativität, Schülervorschläge an das Reihenthema anzupassen.

Tipp: Es hat sich bewährt, Präsentationsaufgaben und mögliche Themen gegen Ende einer Stunde vorzustellen und die Zuteilung erst in der nächsten Stunde vorzunehmen. So können die Schüler die Informationen in Ruhe verarbeiten und sich möglicherweise schon untereinander verständigen. Wenn Schüler sich überhaupt nicht einigen oder entscheiden können, wird ein Losverfahren oft als gerechter empfunden als eine Einteilung durch die Lehrkraft.

Vorbereitung

Bevor die Schüler mit der eigentlichen Vorbereitung ihrer Präsentationen beginnen, sollte in Bezug auf die folgenden Aspekte Transparenz bestehen:
- Thema, Zeitrahmen und Umfang der Präsentation,
- Dauer und Organisation der Vorbereitungszeit,
- die zur Verfügung stehenden Materialien,
- Publikum, zur Verfügung stehende Medien,
- Bewertungskriterien, Merkmale einer gelungenen Präsentation.

Tipp: Auch bei Gruppenpräsentationen können die Schüler die Vorbereitung zunächst in Einzelarbeit durchführen. Auf diese Weise wird individuelle Verantwortlichkeit für das Gruppenergebnis sichergestellt.

Je nach Schwerpunktsetzung, Thema und Niveaustufe der Schüler können folgende Merkmale einer gelungenen Präsentation herangezogen werden:

Inhalt	▶ Berücksichtigung aller (für die Zuhörer) relevanten Aspekte des Themas ▶ Umfang und Korrektheit der Informationen ▶ Aufbau und Struktur der Präsentation
Strategie	▶ Flüssigkeit ▶ Anschaulichkeit ▶ Ansprechen der Zuhörer, Reaktion auf Fragen etc.
Sprache	▶ Komplexität und Umfang von Wortschatz und sprachlichen Strukturen ▶ sprachliche Korrektheit (Grammatik, Wortschatz, Aussprache, Intonation) ▶ Artikulation, Sprechtempo, Lautstärke

Die Vorbereitung erfolgt in mehreren Schritten:
1. Sammeln von Ideen und Materialien,
2. Strukturierung, Erstellen einer Gliederung,
3. Ausarbeitung der einzelnen Punkte der Gliederung,
4. Planung spezifischer Redemittel und Strategien,
5. ggf. Erstellen einer Visualisierung für die Zuhörer.

Tipp: Für wichtige Redemittel haben sich „Wortkästen" bewährt, die an der entsprechenden Stelle neben den inhaltlichen Notizen stehen.

Bei der Vorbereitung sollte von Anfang an vermieden werden, dass die Schüler ganze Sätze ausformulieren, die während der Präsentation zum Ablesen verleiten. Günstige Techniken für Notizen sind Mindmaps oder strukturierte Notizen, die entweder auf große Blätter oder auf Karteikärtchen geschrieben werden können.

Tipp: Es empfiehlt sich, die verschiedenen Gestaltungsmöglichkeiten für Notizen im Vorfeld explizit mit den Schülern zu besprechen und ihnen dann die Gelegenheit zu geben, verschiedene Systeme auszuprobieren.

Zur Visualisierung für die Zuhörer eignen sich je nach Präferenzen und äußeren Gegebenheiten Handouts, Poster oder PowerPoint-Präsentationen.

Medium	Einsatzmöglichkeiten
Handout	▶ allgemein einsetzbar ▶ steht in verschiedenen Räumlichkeiten und auch zur späteren Verwendung zur Verfügung ▶ Raum für eigene Notizen und Kommentare der Zuhörer
Poster	▶ ggf. nicht von jeder Position im Raum aus lesbar ▶ gut geeignet für Gruppenpräsentationen ▶ gut geeignet für Präsentationen in Kleingruppen, z. B. Galeriegang
PPT-Präsentation	▶ trainiert gleichzeitig den Umgang mit dem Medium Computer ▶ Kombination von Bild-, Text- und Tonmaterial möglich ▶ technische Voraussetzungen (Geräte, Kompatibilität verschiedener Betriebssysteme etc.) müssen abgeklärt werden

Wichtig ist, dass die Materialien übersichtlich, knapp und klar strukturiert sind. Wie bei den Notizen ist auch hier der Einsatz von Wortkästen günstig, um den Mitschülern den Umgang mit unbekanntem Vokabular zu erleichtern.

Die Visualisierung kann den Zuhörern entweder während oder nach der Präsentation zur Verfügung gestellt werden. Der Einsatz während der Präsentation kann einerseits das Zuhören erleichtern, andererseits die Zuhörer vom Gesagten ablenken. Die Entscheidung dafür oder dagegen hängt daher ab von:
- ▶ dem Umfang und der Komplexität der Präsentation,
- ▶ dem Niveau und den Präferenzen der Lerngruppe,
- ▶ der Zielsetzung (z. B. Global- vs. Detailverstehen),
- ▶ der Einbettung der Präsentation in den Stunden-/Reihenkontext (z. B.: Hängen die Präsentationen thematisch zusammen? Gibt es weitere Sicherungs-/Besprechungsphasen? Werden die Informationen zur Prüfungsvorbereitung benötigt?).

Einüben

Das Einüben von Präsentationen kann in Einzel-, Partner- oder Gruppenarbeit erfolgen, wobei Letztere den Vorteil haben, dass sich die Schüler gegenseitig ihre Präsentationen vorstellen und einander Rückmeldungen geben können.

Tipp: Zum Einüben der Präsentationen eignen sich z. B. Kugellager, Gespräche im Gehen oder Bushaltestelle (vgl. Kap. 2.1). An Lernstationen können einzelne Aspekte (z. B. Strukturierung, Zeiteinhaltung oder Sprechlautstärke) nach Bedarf gezielt geübt werden.

Zur gezielten Verbesserung der Präsentationen während der Einübungsphase eignen sich die Arbeit mit Selbst- oder Partnerevaluationsbögen oder das Aufzeichnen der Präsentationen. Dabei können unterschiedliche Schwerpunkte gesetzt werden, z. B.:

Tipp: Wenn in der Schule das Handy zum Aufzeichnen oder zur Benutzung der Stoppuhrfunktion verwendet wird, müssen die Regeln der Schule zur Handynutzung beachtet bzw. Ausnahmen mit den Schülern besprochen werden!

Die folgenden Strategien kommen ab der Einübungsphase vermehrt zum Einsatz und sollten explizit thematisiert und eingeübt werden:
▶ Techniken zum Umgang mit Wortschatzlücken,
▶ Füll- und Verzögerungswörter (z. B. „ähm", „also", „sozusagen"),
▶ Kontaktherstellung zu den Zuhörern (z. B. rhetorische Fragen, Redewendungen wie „Ihr kennt ja sicher ...", „Wie ihr wisst ..."),
▶ Ausdrücke zur Gliederung und Überleitung („zuerst", „außerdem", „ein anderer Punkt / weiterer Aspekt ist ...", „zum Schluss" etc.).

Präsentieren

Grundsätzlich erfordert eine Präsentation mindestens einen Vortragenden und ein Publikum. Dies bedeutet aber nicht, dass immer ein Schüler vor der gesamten Lerngruppe vortragen muss. Eine Einzelpräsentation im Plenum kann sinnvoll sein, um die Schüler an eine solche Vortragssituation zu gewöhnen. Allerdings ist dieses Vorgehen sehr zeitaufwendig, und selbst ein wohlwollendes Publikum kann nur einer begrenzten Anzahl von Präsentationen folgen. Deshalb sind alternative Verfahren, ggf. auch in Kombination, sinnvoll:

Verfahren	Zu beachten
Schüler präsentieren in Gruppen.	▶ Vor allem bei umfangreichen Themen sinnvoll. ▶ Möglichst klar abgegrenzte Aufgabe für die einzelnen Gruppenmitglieder, um individuelle Verantwortlichkeit zu gewährleisten.
Schüler präsentieren vor einem Teil der Lerngruppe.	▶ Lehrkraft kann nicht alle Präsentationen verfolgen. ▶ Nur für Lerngruppen geeignet, die mit Verfahren der gegenseitigen Rückmeldung vertraut sind.
Schüler zeichnen ihre Präsentationen auf.	▶ Auswahl vor der Klasse vorspielen. ▶ Sollen Aufzeichnungen auch in anderen Kontexten genutzt werden (z. B. Vorführung vor anderen Klassen oder beim Tag der offenen Tür), ist eine Einverständniserklärung der Lernenden oder bei Minderjährigen der Erziehungsberechtigten notwendig!

Die erstellten Produkte eignen sich auch gut zum Teilen mit Austauschpartnern. In manchen Kontexten und Lerngruppen lohnt sich der Aufwand, die Aufzeichnungen der gesamten Gruppe zu einem Video zusammenzuschneiden. So kann z. B. ein Video, in dem die Schüler sich oder auch Orte an ihrer Schule oder Sehenswürdigkeiten ihrer Heimatstadt bzw. -region vorstellen, an die Partnerschule geschickt werden; ein Video von Orten, Regionen oder Sehenswürdigkeiten im Zielsprachenland eignet sich sehr gut zur Präsentation am Tag der offenen Tür, bei Klassen- oder Schulfesten.

Tipp: Sehr effektvoll ist die Einblendung passender Bilder hinter den Vortragenden. Dies ist mit gängigen Videoschnittprogrammen relativ einfach, wenn sich die Vortragenden beim Drehen vor einem Green Screen oder einem einfarbigen Hintergrund befinden.

Und was macht der Rest?
Bei Präsentationen im Unterricht sollten möglichst alle Zuhörer aktiv sein, z. B. durch konkrete Beobachtungsaufträge. Die Art der Beobachtungsaufträge richtet sich dabei nach der Zielsetzung der Präsentationen innerhalb der Stunde bzw. Reihe:

Schwerpunkt	Maßnahmen zur Einbindung der Zuhörer
Präsentationskompetenzen	▶ Kriteriengeleitete Evaluationsbögen als Grundlage zum anschließenden Feedback, wobei die Zuhörer arbeitsteilig unterschiedliche Kriterien berücksichtigen können
Inhalte	▶ Gezielte Höraufträge ▶ Weiterverarbeitung der Inhalte, z. B. als Blog, Zeitungsartikel, Tagebucheintrag, Quiz, Zeichnung, Mindmap ▶ Beantwortung von Fragen zur Präsentation, z. B. in Form eines Quiz oder Tests

Tipp: Vor allem bei kurzen Vorstellungen von Personen, Gegenständen, Tätigkeiten oder Bildern und bei jüngeren Schülern besteht die Möglichkeit, den Zuhörern das Thema der Präsentation nicht zu nennen und daraus ein Ratespiel zu machen.

Generell gilt, dass die Hör- und Beobachtungsaufträge das Zuhören fokussieren, nicht aber vom Zuhören ablenken dürfen. Deshalb empfiehlt sich der Einsatz von Arbeitsblättern, die möglichst
- sprachlich einfach sind,
- kurze Sätze bzw. Stichpunkte enthalten,
- wenig Schreibarbeit erfordern,
- den Zuhörern vor Beginn des Vortrages vertraut sind.

Tipp: Möchte die Lehrkraft Höraufträge vorbereiten, ohne im Vorfeld den genauen Inhalt der Präsentation zu kennen, eignen sich die folgenden Maßnahmen:
- möglichst offene Fragestellungen,
- Orientierung an den vorgegebenen Inhalten / der vorgegebenen Strukturierung,
- Gestaltung der Höraufträge durch die Vortragenden.

Um Unterbrechungen während der Präsentation zu vermeiden und möglichst früh eine selbstständige Durchführung der Rückmeldungsphase durch die Schüler zu ermöglichen, empfiehlt sich das Einhalten eines wiederkehrenden Ablaufs für diese Phase:

1. Gelegenheit für Rückfragen durch die Zuhörer

2. positive Rückmeldungen an den/die Vortragenden

3. Verbesserungsvorschläge

Zudem haben sich die folgenden Maßnahmen bewährt:
- Auch wenn die Präsentationskompetenz selbst nicht im Vordergrund steht, sollte immer zumindest eine kurze Rückmeldung an den/die Vortragenden erfolgen.
- Die Phase wird am besten von den Vortragenden selbst moderiert.
- Die Mitschüler sprechen die Vortragenden direkt an, statt ihre Rückmeldungen in der 3. Person Singular an die Lehrkraft zu richten.
- Auch die Lehrkraft sollte immer ein Feedback geben und sich nicht hinter der Lerngruppe „verstecken". Um die Rückmeldungen der Mitschüler nicht zu beeinflussen, kann dies am Ende der Rückmeldungsphase geschehen.

3.2 Kooperation

Dieses Kapitel stellt Lernarrangements vor, bei denen die Schüler mündliche Kommunikation benötigen, um gemeinsam eine Aufgabe zu bewältigen.

Kooperatives Lernen bedeutet, dass Lernende in Gruppen zusammenarbeiten, um gemeinsame Ziele zu erreichen (Konrad/Traub 2005: 19). Das Prinzip trägt den Erkenntnissen aus

Lerntheorie und Neurowissenschaften Rechnung, denen zufolge das Lernen ein individueller, konstruktiver Prozess ist, bei dem die Lerner aber immer auch bestrebt sind, Lernprozesse miteinander abzugleichen, von- und miteinander zu lernen (Green/Green 2005). Kooperation ist nicht nur aus lerntheoretischer Sicht günstig, sondern bereitet die Schüler auch auf den beruflichen Alltag vor, wo soziale Kompetenzen und effektive Zusammenarbeit eine wichtige Rolle spielen. Im Vergleich zu anderen Formen der Unterrichtsorganisation ermöglichen kooperative Lernformen (vgl. Astin 1993; Johnson/Johnson 1999):

- höheren Lernerfolg,
- positive Erfahrungen von Selbstwirksamkeit, Erfolg und Unterstützung,
- Zeitgewinn durch Arbeitsteilung,
- die Förderung sozialer und methodischer Kompetenzen.

Trotz dieser positiven Aspekte ist eine wirkliche Kooperation in Partner- und Gruppenarbeiten nicht selbstverständlich. In der unterrichtlichen Praxis kommt es bei diesen Sozialformen häufig zu einer ungleichen Verteilung der Arbeit, wenn sich schwächere und wenig motivierte Schüler aus den Arbeitsprozessen heraushalten. Dies gilt insbesondere im Fremdsprachenunterricht, da das Zusammenarbeiten hohe sprachliche Anforderungen an die Schüler stellt. Um ihre Ideen einzubringen, müssen sie diese spontan ausformulieren und dabei auf Beiträge und ggf. auch Einwürfe anderer Gruppenmitglieder reagieren. Um also zu erreichen, dass alle Schüler mitmachen, muss die Lehrkraft Arbeitsprozesse so gestalten, dass

- sich alle Schüler einbringen müssen, um die Aufgabe zu erfüllen,
- alle Schüler die Gelegenheit haben, sich auf die komplexen inhaltlichen und sprachlichen Anforderungen vorzubereiten,
- soziale und methodische Kompetenzen systematisch geschult werden.

Methoden und Sozialformen

Für Kooperationsphasen eignen sich Methoden wie Think-Pair-Share, Expertenpuzzle oder Dreiergespräch, die nach dem Sandwich-Prinzip organisiert sind (vgl. Kap. 2.1).

Sozialform	Ziele	Tipps
Plenum	Schaffung von Transparenz über Ziele, Methoden, Aufgabenstellungen	Mehrschrittige Arbeitsaufträge für die Schüler visualisieren, damit die Lehrkraft möglichst wenig in den folgenden Arbeitsprozess eingreifen muss
Einzelarbeit	Individuelle Auseinandersetzung mit dem Lernstoff	Im Vorfeld Techniken zum zeitsparenden Notizenmachen thematisieren

Sozialform	Ziele	Tipps
Partnerarbeit	Erweitern/Ausdifferenzieren der Ergebnisse der Einzelarbeit	Neben dem Ergebnisaustausch zusätzlicher Arbeitsauftrag, um die Ergebnisse auf eine höhere Ebene zu bringen und Redundanz zu vermeiden
Gruppenarbeit	Erneute Umwälzung und Restrukturierung des Gelernten	
Plenum	Ergebnissicherung, Evaluation der Arbeitsprozesse	Möglichkeiten zur Verbesserung zukünftiger Arbeitsprozesse erarbeiten

Während der Einzelarbeitsphase können die Schüler ihre Gedanken in ihren Heften oder auf vorstrukturierten Arbeitsblättern notieren. Des Weiteren bieten sich für diese Phase die folgenden Methoden an:

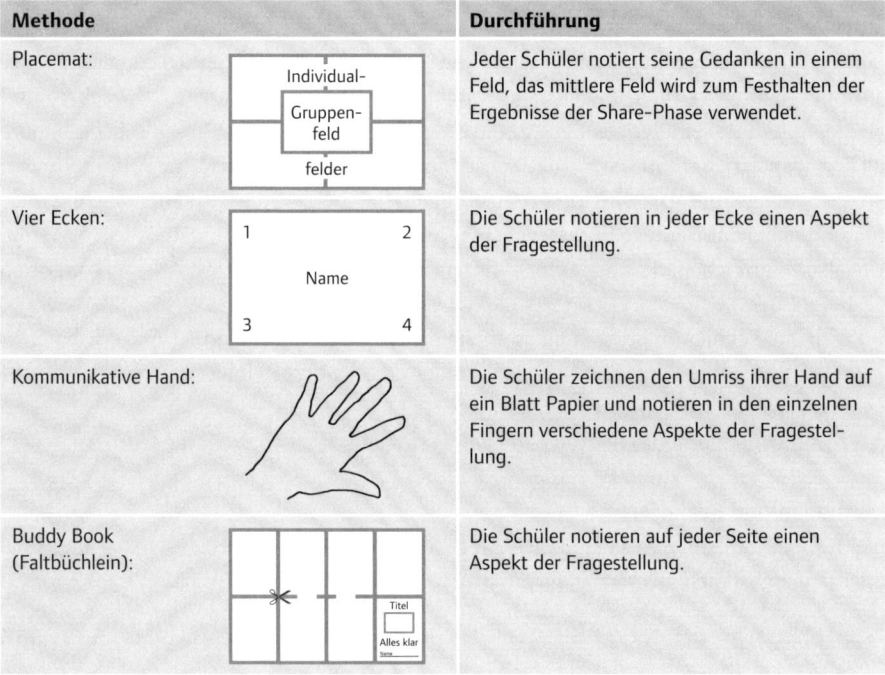

Methode		Durchführung
Placemat:		Jeder Schüler notiert seine Gedanken in einem Feld, das mittlere Feld wird zum Festhalten der Ergebnisse der Share-Phase verwendet.
Vier Ecken:		Die Schüler notieren in jeder Ecke einen Aspekt der Fragestellung.
Kommunikative Hand:		Die Schüler zeichnen den Umriss ihrer Hand auf ein Blatt Papier und notieren in den einzelnen Fingern verschiedene Aspekte der Fragestellung.
Buddy Book (Faltbüchlein):		Die Schüler notieren auf jeder Seite einen Aspekt der Fragestellung.

Materialien

Die bisher beschriebenen Methoden nutzen die Tatsache, dass die Schüler unterschiedliches Vorwissen sowie unterschiedliche Erfahrungen und Meinungen haben. Diese werden in kooperativen Verfahren gesammelt, strukturiert, bewertet oder eingegrenzt, um zu einem Ergebnis zu gelangen. Es ist aber auch möglich, unterschiedliche Informationen durch das Lernarrangement zur Verfügung zu stellen. Dadurch entsteht zwischen den

Lernern eine positive Abhängigkeit, d. h., sie müssen sich austauschen, um die Aufgabe zu erfüllen. Die nächsten Abschnitte beschäftigen sich näher mit den verschiedenen Möglichkeiten, eine solche positive Abhängigkeit herzustellen.

Bildmaterialien

Der Einsatz unterschiedlicher Bildmaterialien als Grundlage kooperativer Arbeitsprozesse bietet vom Anfangsunterricht bis zum Leistungskursniveau vielfältige Übungsanlässe.

Verfahren	Beschreibung	Tipps
Bildkärtchen	Jeder Schüler erhält ein Bildkärtchen, sie beschreiben einander ihre Bilder (Partner-, Gruppenarbeit, Omniumkontakt, Lerntempoduett, Bushaltestelle).	Sprachliche Hilfen auf die Rückseite drucken.
Projektion	Je ein Partner schaut ein Bild an und beschreibt, der andere dreht sich um oder hält sich die Augen zu, dann Wechsel (Partnerarbeit).	Für jeden Partner werden unterschiedliche Teile desselben Bildes abgedeckt.
Unterschiede finden	Je ein Partner erhält dasselbe Bild mit kleinen Variationen (Partnerarbeit).	Wettbewerb: Welches Paar findet die meisten Unterschiede?
Puzzle	Jeder Schüler erhält einen Teil eines Bildes. Sie finden heraus, welche Bilder zusammengehören, ohne einander die Bilder zu zeigen (Omniumkontakt).	Wettbewerb: Welche Gruppe hat das Bild am schnellsten zusammengesetzt?
Auswahl	Aus einer Auswahl von Bildern beschreibt ein Schüler ein Bild seiner Wahl. Die Mitschüler sollen erraten, um welches Bild es sich handelt.	Besonders einfach vorzubereiten ist die Übung, wenn Bilder zu den Lektionstexten gewählt werden.

Tipp: Um zu vermeiden, dass die Schüler die mündliche Kommunikation umgehen, indem sie sich einfach gegenseitig ihre Bilder zeigen, kann die Lehrkraft
- einen zusätzlichen, weiterführenden Auftrag für die Austauschphase geben (z. B. Unterschiede zwischen den Bildern finden, Aufgabe zur Bildanalyse/-interpretation),
- Transparenz über das Ziel der Aufgabe (d. h. Training der mündlichen Kommunikationskompetenz) schaffen,
- sprachliche Hilfen zur Verfügung stellen,
- den Arbeitsprozess beobachten und Rückmeldung geben.

Als Abbildungen eignen sich je nach Niveaustufe, Thema und Zielsetzung unterschiedliche Bildmaterialien:

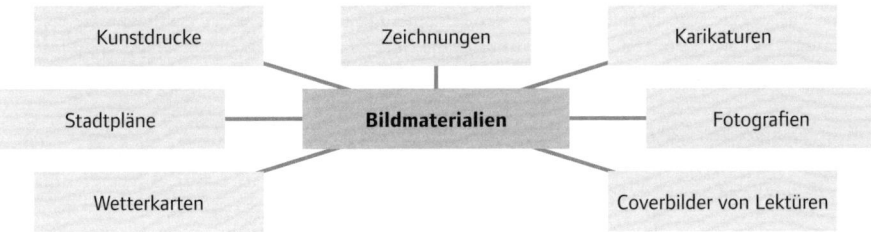

Neben inhaltlichen Aspekten können auch sprachliche Strukturen trainiert werden:

Motiv	Sprachliche Strukturen
motivübergreifend	Vokabular zur Bildbeschreibung, spezifisches Vokabular
Nahrungsmittel	Mengenangaben
Häuserreihe, Zimmer, Stadtplan	Präpositionen, Ortsangaben
Personen, Kleidungsstücke	Angleichung der Adjektive (DE, FR, SP, IT)
Personen, die etwas tun	Verlaufsform (EN, SP, IT)
Straßenkreuzung	Wegbeschreibung, Himmelsrichtungen

Für das Finden oder Erstellen passender Bilder kann die Lehrkraft
- selber zeichnen: oft reichen Skizzen aus,
- Bilder aus den Lehrwerken (z. B. zu den Lektionstexten) verwenden,
- die Bildsuchfunktion gängiger Internet-Suchmaschinen verwenden,
- mit gängigen Bildbearbeitungsprogrammen einzelne Elemente entfernen oder verändern.

Hör-/Hörsehmaterialien

Auch Hör- oder Hörsehmaterialien können so eingesetzt werden, dass die Schüler unterschiedliche Informationen erhalten, die sie dann untereinander austauschen. Das Ziel ist dabei die inhaltliche Erschließung des Hörtextes.

Verfahren	Beschreibung	Tipps
Unterschiedliche Texte	Schüler hören unterschiedliche Texte, um im Anschluss die gewonnenen Informationen untereinander auszutauschen.	Organisatorisch nur möglich bei mehreren Räumen, dem Einsatz von Kopfhörern (am PC) oder als Hausaufgabe
Inhaltliche Aufträge	Schüler hören denselben Text mit unterschiedlichen Höraufträgen, um im Anschluss die gewonnenen Informationen untereinander auszutauschen.	Aufteilung nach Sprechern, Themen oder Textabschnitten
Strategische Aufträge	Schüler wenden unterschiedliche Hörstrategien (vgl. Kap. 4.1) an, um im Anschluss die gewonnenen Informationen untereinander auszutauschen.	Vergleich und Evaluation der verschiedenen Strategien am Ende
Einer sieht, einer hört	Ein Partner dreht sich um, hört also nur und sieht nicht; der andere Partner hält sich die Ohren zu, sieht also nur und hört nicht.	Nur bei Hörsehtexten (z. B. Filmen, Videoclips)

Tipp: Wie auch bei den Bildern (s. o.) ist es wichtig, dass die Schüler nicht in der Austauschphase die mündliche Kommunikation umgehen, indem sie sich gegenseitig ihre Notizen zeigen bzw. voneinander abschreiben.

Textmaterialien

Texte sind sehr gut als Grundlage für kooperative Erarbeitungen geeignet, weil sie relativ leicht aufgeteilt und an das Niveau der Lerngruppe angepasst werden können. Ein weiterer Vorteil im Vergleich zu Hör- und Hörsehtexten ist, dass der schriftliche Text in der Austauschphase noch vorliegt. Diese Eigenschaft birgt aber gleichzeitig mögliche Probleme:

Phase	Mögliche Probleme	Maßnahmen
Erarbeitungsphase	Schüler bearbeiten den Text nur oberflächlich.	▶ Techniken zum Umgang mit Texten (markieren, Notizen machen) trainieren. ▶ Transparenz über Arbeitsprozess und individuelle Verantwortlichkeit herstellen.
	Schüler machen sehr umfangreiche Notizen.	▶ Techniken zum Umgang mit Texten (markieren, Notizen machen) trainieren. ▶ Klare Zeitvorgabe machen und selbstständiges Zeitmanagement trainieren.
Austauschphase	Schüler vermeiden die mündliche Kommunikation, indem sie sich gegenseitig ihre Texte/Notizen zeigen.	▶ Zusätzlichen, weiterführenden Auftrag für die Austauschphase geben. ▶ Transparenz über das Ziel der Aufgabe schaffen. ▶ Sprachliche Hilfen zur Verfügung stellen. ▶ Arbeitsprozess beobachten und Rückmeldung geben.
	Schüler referieren sehr schnell/detailliert über ihre Texte, sodass das Zuhören/Mitschreiben erschwert wird.	▶ Vorstrukturierter Bogen für die Zuhörenden erleichtert das Erstellen von Notizen. ▶ Ergebnispräsentation in einer Einübungsphase trainieren. ▶ Kriterienorientiertes Feedback an Präsentierende üben.

Je nach Thema und Niveaustufe eignen sich verschiedene Textgattungen, z. B. Lektionstexte, Sachtexte oder literarische Texte. Wie bei Hör-/Hörsehtexten (s. o.) können asymmetrische Informationen durch verschiedene Ausgangstexte oder durch inhaltlich bzw. methodisch unterschiedliche Aufgabenstellungen erzeugt werden:

Zielsetzung	Arbeitsteilige Aufgabenstellungen in Bezug auf …
Inhaltliche Erarbeitung von Sachtexten	▶ Themenbereiche innerhalb des Textes ▶ Textabschnitte
Inhaltliche Erarbeitung von literarischen Texten	▶ Charaktere ▶ Textabschnitte
Textanalyse	▶ Stilmittel ▶ Textabschnitte
Training von Lesestrategien	▶ Lesestrategien (z. B. *skimming*, *scanning*)

Tipp: Eine besonders bewährte kooperative Lernmethode für den Umgang mit Texten ist das sogenannte reziproke Lesen, das in Partner- oder Kleingruppenarbeit stattfinden kann. In der einfachsten

Form liest dabei immer abwechselnd ein Schüler einen Absatz/Textabschnitt laut vor, ein anderer fasst ihn zusammen. Alternativ oder ergänzend dazu können die Schüler auch abwechselnd
▶ Fragen an den Text formulieren bzw. beantworten,
▶ Schlüsselwörter heraussuchen,
▶ Überschriften finden.

Spiele

Es gibt eine Vielzahl von Spielen, bei denen die Mitspieler zusammenarbeiten müssen, um ein gemeinsames Ziel zu erreichen. Diese Spiele können durchaus auch Wettbewerbscharakter haben. In diesem Fall müssen die Schüler innerhalb ihrer jeweiligen Teams kooperieren und kommunizieren, um zu gewinnen. Je nachdem, ob ein solches Spiel im Klassenverband oder in Kleingruppen durchgeführt wird, ist dafür unterschiedlich viel mündliche Kommunikation der einzelnen Teilnehmer nötig.

Tipps:
▶ Vor allem, wenn die Spiele Wettbewerbscharakter haben, sollte die Lehrkraft darauf achten, dass alle Spieler zu Wort kommen und dass die Kommunikation in der Zielsprache erfolgt.
▶ Als Preise eignen sich vor allem Gegenstände, die innerhalb der Gruppe und ggf. auch mit anderen Gruppen geteilt werden können.
▶ Um der gesamten Lerngruppe einen gemeinsamen Anreiz zu bieten und den Wettbewerbsdruck zwischen den Schülern zu verringern, kann auch das Erreichen einer Gesamtpunktzahl zum Ziel gemacht werden.

Die folgenden Kooperationsspiele eignen sich zur Anregung der mündlichen Kommunikation im Fremdsprachenunterricht:
▶ **Rätselgeschichten:** Der Gruppe wird eine verzwickte Situation oder Geschichte bzw. ein Bild präsentiert. Nur der Präsentierende kennt den Hintergrund. Die Spieler müssen durch (Ja-Nein-)Fragen herausfinden, was passiert ist.
▶ **Blinde Kuh:** Jeweils ein Partner hat die Augen verbunden und wird von seinem Partner ohne Berührungen und nur mithilfe von mündlichen Instruktionen durch einen Parcours geleitet.
▶ **Laufdiktat:** Im Klassenraum/Flur/Schulgebäude etc. werden Kopien eines Textes angebracht. Ein Gruppenmitglied bleibt am Platz und schreibt auf, was die anderen Gruppenmitglieder diktieren. Auch Nachfragen, z. B. zur Rechtschreibung, können erlaubt werden. Gewonnen hat die Gruppe, die den längsten Text mit den wenigsten Fehlern zu Papier gebracht hat.
▶ **Stadtplan:** Die Schüler spielen paarweise gegeneinander. Jeweils ein Partner hat die Aufgabe, dem Mitspieler den Weg von A nach B auf einem Stadtplan zu erklären, ohne das Ziel zu nennen. Wenn der Mitspieler das Ziel vor den anderen Paaren (richtig) errät, bekommt das Paar einen Punkt.

- **Geschichten erzählen:** Die Schüler erhalten in Gruppen den Anfang einer Geschichte. Reihum ergänzen sie jeweils einen Satz, um die Geschichte weiterzuführen.
- **Tabu:** Die Schüler spielen in Gruppen gegeneinander. Innerhalb der Gruppe muss jeweils ein Schüler den Mitschülern einen Begriff erklären, ohne das Wort selbst (oder eine Auswahl an vorgegebenen Begriffen) zu verwenden. Gewonnen hat die Gruppe, die innerhalb einer bestimmten Zeit die meisten Begriffe erfolgreich erklärt bzw. erraten hat.
- **Ich packe in meinen Koffer …:** Der erste Spieler nennt einen Gegenstand, der in den Koffer gepackt wird. Der zweite Spieler wiederholt diesen Gegenstand und fügt einen eigenen hinzu usw. Gewonnen hat die Gruppe, die in einem vorgegebenen Zeitraum die längste Wortkette erstellt hat.
  Variation: Das Spiel lässt sich auch mit Verben („In den Ferien werde ich …") oder Adjektiven („Die Katze von Tante Ida ist …") durchführen.
- **Puzzeln:** Die Schüler erhalten einen Satz/Text oder ein Bild in mehreren Teilen und haben die Aufgabe, die Teile zusammenzusetzen bzw. in die richtige Reihenfolge zu bringen.
- **Malen nach Anweisung:** Zwei Schüler sitzen mit dem Rücken zueinander. Ein Partner beschreibt ein Bild / einen Gegenstand / eine Handlung, der andere zeichnet. Am Schluss werden Original und Zeichnung verglichen.
- **Fehlersuche:** Jeweils ein Partner erhält ein Bild oder einen Text mit leichten Variationen. Die Partner müssen nun die Unterschiede herausfinden, ohne einander ihre Texte/Bilder zu zeigen.
- **Wer bin ich?:** Die Schüler sitzen in Gruppen zusammen. Jedem Schüler wird ein Zettel mit dem Namen einer bekannten Persönlichkeit an die Stirn geklebt. Durch Ja-Nein-Fragen versuchen die Schüler herauszufinden, wer sie sind.
- **Gegenstände erraten:** Zwei Schüler sitzen mit dem Rücken zueinander an jeweils einem Tisch. Vor jedem Spieler sind die gleichen Gegenstände aufgebaut (z. B. Stift, Radiergummi, Flasche). Ein Spieler beschreibt seinem Partner, wie die Gegenstände angeordnet sind. Dieser muss die Gegenstände auf seinem Tisch in gleicher Weise anordnen.
- **Gegenstände finden:** Die Schüler spielen in Kleingruppen gegeneinander. Auf Ansage des Spielleiters müssen verschiedene Gegenstände gefunden werden (z. B. ein Gegenstand, der …
  - ▷ mehr als drei Funktionen hat.
  - ▷ die Farben Rot, Blau, Gelb und Grün enthält.
  - ▷ mehr als 5 kg wiegt.
  - ▷ mehrere Besitzer hat.)

Bei der Punktvergabe können sowohl Schnelligkeit als auch Kreativität herangezogen werden.

Abschlussphase

Für den Erfolg kooperativer Verfahren ist neben einer sorgfältigen Planung und unterstützenden Begleitung durch die Lehrkraft entscheidend, wie die Schüler den weiteren Umgang mit dem kooperativen Arbeitsprozess erleben. Bleiben die Ergebnisse ungenutzt und der Arbeitsprozess unreflektiert, entsteht schnell der Eindruck von Beliebigkeit. Weniger motivierte Schüler könnten dies in der Zukunft ausnutzen und versuchen, sich aus kooperativen Verfahren herauszuhalten. Deshalb sollten im Anschluss an kooperative Verfahren immer die inhaltlichen Ergebnisse weiterverarbeitet und der Arbeitsprozess reflektiert werden.

Tipp: Zunächst das Thema inhaltlich abschließen, bevor eine Methodenreflektion erfolgt.

Prozess	Ausgestaltungsmöglichkeiten
Inhaltliche Sicherung	▶ Zusammentragen, Strukturierung und Reflexion der Ergebnisse ▶ Weiterverarbeitung der Ergebnisse, z. B. als Zeitungsartikel, Blogeintrag, E-Mail, Leserbrief, Tagebucheintrag
Methodische Weiterentwicklung	▶ Selbstevaluation des Arbeitsprozesses ▶ Evaluation der Methode ▶ Erarbeitung von Verbesserungsmöglichkeiten

Tipp: Um Redundanzen zu vermeiden, sollten inhaltliche Ergebnisse in der Plenumsphase nicht einfach wiederholt werden, sondern in einen neuen Zusammenhang gestellt werden, z. B. durch
▶ Strukturieren der Ergebnisse (z. B. in Form von Übersichten, Schaubildern, Mindmaps),
▶ Eingrenzung der Ergebnisse (z. B. Auswahl der wichtigsten Aspekte),
▶ Bewertung der Ergebnisse (z. B. in Form von Rangordnungen, Pro-Kontra-Listen).

Ein Selbstevaluationsbogen für ein Think-Pair-Share-Verfahren könnte nach folgendem Muster gestaltet werden (vgl. auch Kap. 2.4):

	Ja! ☺ Meistens ... ☺ Nicht wirklich ... ☹ Kommentare?
Ich habe in der Einzelarbeitsphase konzentriert gearbeitet.	
Ich habe in den Partner-/Gruppenarbeitsphasen gut mit den anderen zusammengearbeitet.	
Ich habe mich aktiv an Plenumsphasen beteiligt.	
Ich habe mich angestrengt, so viel wie möglich zu lernen.	

Ich habe einen wirklichen Beitrag zum Ergebnis der Stunde geleistet.

Für die nächste(n) Stunde(n) nehme ich mir vor:

3.3 Unterhaltungen

Dieses Kapitel zeigt, wie das Bedürfnis der Schüler, sich selbst mitzuteilen und etwas über andere zu erfahren, genutzt werden kann, um authentische Unterhaltungen entstehen zu lassen, die in verschiedenen Unterrichtsphasen und auf allen Niveaustufen gewinnbringend sind.

Eine Unterhaltung zu führen, bedeutet, sich zwanglos mit jemandem zu einem Thema auszutauschen, und gehört damit zur Kompetenz „Interaktion". Insbesondere trainieren die Schüler in Unterhaltungen die Teilbereiche „Konversation", „Informationsaustausch" und „Interviewgespräche" (Europarat 2001: 80 ff.). Unterhaltungen sind zudem in besonderem Maße relevant für den Fremdsprachenunterricht, da sie eine in Begegnungssituationen mit Muttersprachlern häufig vorkommende Gesprächsform darstellen.

Der GeR (Europarat 2001: 37) definiert folgende Anforderungen für die Teilnahme an Unterhaltungen:

▶ Niveaustufe A2: „… sich in einfachen, routinemäßigen Situationen verständigen, in denen es um einen einfachen und direkten Austausch von Informationen über vertraute und geläufige Dinge geht."
▶ Niveaustufe B2: „… sich so spontan und fließend verständigen, dass ein normales Gespräch mit Muttersprachlern ohne größere Anstrengung auf beiden Seiten gut möglich ist."

Eine erfolgreiche Teilnahme an Unterhaltungen erfordert komplexe Teilkompetenzen und stellt daher hohe Anforderungen an die Schüler:

Kompetenzen zur Teilnahme an Unterhaltungen

- freies, spontanes Sprechen
- Antizipieren und flexibles Eingehen auf die Äußerungen des Gegenübers
- Regeln zum Beginnen, Aufrechterhalten und Beenden eines Gesprächs
- Strategien zum Sprecherrollenwechsel / Einsatz von Mimik / Gestik etc.
- Strategien zur Überwindung von Verständnis-/ Formulierungsschwierigkeiten

Damit die Lernenden diese Anforderungen erfolgreich meistern können, kann die Lehrkraft vielfältige Übungsanlässe gestalten, die
- thematisch für die Lernenden relevant und somit motivierend sind,
- ein angemessenes Anforderungsniveau aufweisen,
- alle Schüler durch adäquate Methoden aktivieren,
- das Einüben relevanter Strategien und Redemittel ermöglichen,
- ausreichende, abwechslungsreiche Übungsmöglichkeiten bieten.

Die in diesem Kapitel vorgestellten Vorschläge beziehen sich auf authentische, spontane Unterhaltungen innerhalb der Unterrichtssituation. Die Schüler simulieren also keine Begegnungssituationen, z. B. im Zug oder an der Bushaltestelle (vgl. Kap. 3.4), sondern sprechen als sie selbst über sich selbst. Dadurch wird das natürliche Bedürfnis genutzt, sich über die eigene Lebenswelt auszutauschen (vgl. Blume 2006). Zudem werden die Schüler nicht durch ungewohnte Gesprächssituationen und schauspielerische Anforderungen abgelenkt und können sich ganz auf die Unterhaltung selbst konzentrieren.

Themen und Einsatzmöglichkeiten
Als Themen eignen sich, ähnlich wie bei der Präsentation (vgl. Kap. 3.1), grundsätzlich alle Bereiche, die die Lebenswelt der Schüler betreffen und die sie interessieren, z. B.:
- Alter, Geburtstag, Wohnort, Familie, Freunde,
- Hobbys, Freizeitaktivitäten,
- Haustiere, Lieblingstiere,
- Lieblingsessen (auch spezifischer: zu den einzelnen Mahlzeiten),
- Lieblingsfarben, -kleidungsstücke, -marken, -outfits,
- Lieblingsbücher, -genres, -autoren,
- Lieblingsfilme, -genres, -schauspieler,
- Lieblingsmusik, -gruppen, -sänger,
- Lieblingsländer und Reiseziele,
- Schule, Lehrer, Fächer,
- Medien (Internet, Handy, Fernsehen),
- Erlebnisse, Erfahrungen,
- Pläne, Wünsche, Ziele,
- Themen aus dem bisherigen Unterricht oder aus anderen Fächern,
- Eindrücke bzw. Erfahrungen zu Unterrichtsmethoden und -inhalten,
- …

Im Unterricht der Niveaustufen A1 und A2 dienen Unterhaltungen in erster Linie dem Training von Wortschatz und Grammatik sowie der Kompetenz der „Teilnahme an Gesprächen" und bieten somit ein Gleichgewicht zwischen Form- und Mitteilungsbezogenheit

(Butzkamm 2004). Die folgenden Themen eignen sich besonders zum Üben spezifischer sprachlicher Strukturen:

Thema	Sprachstrukturen
themenübergreifend	themenspezifisches Vokabular; Fragestrukturen/-wörter
(vergangene) Erlebnisse	Tempora der Vergangenheit
Pläne	Tempora der Zukunft
Wünsche, Möglichkeiten	Konditional, Konditionalsätze
Träume, Hoffnungen, Ängste	Subjonctif (FR), Subjuntivo (SP)
Vergleiche, Präferenzen	Komparativ, Superlativ
Tagesablauf, Gewohnheiten	Uhrzeiten, Zeitadverbien
Reisen, Ausflüge, Schulweg	Ortsnamen (mit entsprechenden Präpositionen)
Ernährung, Rezepte	Mengenangaben
Regeln, Pflichten	Modalverben

Tipp: Um die Verbkonjugation sowie den Gebrauch von Pronomen und Possessivbegleitern zu trainieren, können sich die Schüler auch einmal über den besten Freund (3. Pers. Sing.), die Eltern (3. Pers. Pl.) oder die gesamte Familie (1. Pers. Pl.) unterhalten; fiktive Personen können sich untereinander siezen.

Obwohl Unterhaltungen zu persönlichen Themen oft mit sprachbezogenem Üben im Anfangsunterricht assoziiert werden, ist diese Form der mündlichen Kommunikation auch bei fortgeschritteneren Lernern durchaus bereichernd. Natürlich können die o. g. klassischen Themenbereiche hierfür nach Belieben variiert, eingeschränkt oder ausdifferenziert werden:

Anregungen für Fortgeschrittene (ab A2+)	Anregungen für Profis (ab B1)
▶ Mein perfekter Ferientag … ▶ Das perfekte Sonntagsfrühstück … ▶ Ein Promi, den ich gerne treffen würde … ▶ Ich würde gerne einen Tag die Rolle tauschen mit … ▶ Drei Gegenstände, die ich aus meinem brennenden Haus retten würde / auf eine einsame Insel mitnehmen würde … ▶ Mein Traumberuf … ▶ Zum Geburtstag / zu Weihnachten wünsche ich mir …	▶ Glück/Liebe/Toleranz/Religion/Freizeit/… bedeutet für mich … ▶ Wenn ich Millionär / Bundeskanzler / ein Filmstar / … wäre … ▶ Der lustigste/peinlichste/traurigste/aufregendste Moment meines Lebens … ▶ Mein größter Traum / meine größte Angst … ▶ Darüber kann ich mich besonders freuen/ärgern … ▶ Heute habe ich gelernt, dass … / Aus der letzten Stunde erinnere ich mich an …

Tipp: Alternativ können sich die Schüler eine fiktive Person ausdenken und sich aus dieser Perspektive heraus unterhalten. Gerade schüchternen Schülern fällt dies manchmal leichter, als Persönliches von sich selbst preiszugeben.

Eine Unterhaltung eignet sich natürlich zum Kennenlernen bei neuen Lerngruppen, aber auch als Einstieg einer Stunde oder Unterrichtsreihe. So bietet sich z. B. zu Themen wie Politik, Umweltschutz, Mobbing, neue Medien oder als Lektüreeinstieg eine Unterhaltung an, um die persönlichen Erfahrungen und Einstellungen der Schüler zu dem Thema abzurufen und ihr Vorwissen zu aktivieren. Auch Unterhaltungen zu themenrelevanten Bildern, Ausschnitten aus Bildern oder Gegenständen haben sich als thematischer Einstieg bewährt.

Tipp: Um bei der Arbeit mit Bildimpulsen authentische Unterhaltungen zu generieren, empfehlen sich offene Fragestellungen, die den Schülern einen gewissen Spielraum lassen, wie sie mit dem Impuls umgehen.

Im Rahmen kooperativer Verfahren (vgl. Kap. 3.2) mit weiteren Schritten zum Sammeln, Ordnen oder Eingrenzen der Ergebnisse kann eine Unterhaltung auch Teil der Erarbeitungsphase sein. Unterhaltungen können also in verschiedenen Phasen einer Unterrichtsstunde zum Einsatz kommen:

Phase	Zielsetzung
Einstieg	Wiederholung bereits bekannter Strukturen; Einstimmung auf ein Thema; Aktivierung von Vorwissen/Erfahrungen/Eindrücken
Erarbeitung	Erarbeitung neuer Strukturen; Erarbeitung eines Themas
Anwendung/Übung	Anwenden/Einüben neuer Strukturen
Ergebnissicherung	Reflektion/Evaluation von Inhalten und Methoden

Aufgabenstellungen
Während für hoch motivierte, sprachlich fortgeschrittene Lerngruppen der Arbeitsauftrag durchaus einmal lauten kann, sich über ihre Gewohnheiten oder Einstellungen zu einem Thema auszutauschen, ist doch meist ein kleinschrittigeres, strukturierteres Vorgehen nötig, um sicherzustellen, dass sich alle Schüler konzentriert in der Zielsprache zum vorgegebenen Thema unterhalten.

Tipp: Arbeitsaufträge sollten möglichst konkret und ergebnisorientiert formuliert sein: Statt „Unterhalte dich über ..." sind Formulierungen wie „Finde heraus, ..." besser geeignet.

Die einfachste Version einer Unterhaltung, die bereits im Anfangsunterricht geübt werden kann, besteht aus kurzen Fragen, Antworten und Gegenfragen zu persönlichen Themen. Wenn die Schüler z. B. als Lernaufgabe ein Poster zu den Freizeitaktivitäten der Lerngruppe erstellen sollen, können sie sich zunächst im Omniumkontakt (vgl. Kap. 2.1) gegenseitig fragen, was sie in ihrer Freizeit machen.

Tipp: Bei offenen Fragen zu persönlichen Themen empfiehlt es sich auch im Anfangsunterricht, mindestens ein umfangreiches zweisprachiges Wörterbuch griffbereit zu haben, denn hier treten oft unerwartete Hobbys und seltene Haustiere zu Tage.

Um ein etwas längeres Gespräch anzuregen oder auch Ja-Nein-Fragen zu trainieren, können die Lernenden einander nach bestimmten Aktivitäten fragen, wie die folgenden Beispiele zeigen:

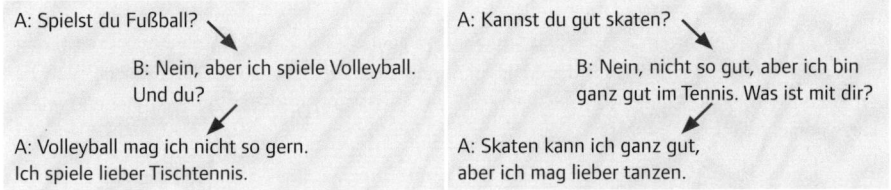

Unterstützt und zusätzlich motiviert wird ein solcher Dialog, indem jeder Schüler ein Bildkärtchen bekommt und Kurzgespräche mit möglichst vielen Partnern führt. Dialoge mit wechselnden Partnern werden abwechslungsreicher, wenn die Gesprächspartner ihre Bildkärtchen tauschen, bevor sie sich einen neuen Partner suchen.

Tipp: Bildkärtchen bieten eine gute Möglichkeit zur Binnendifferenzierung, wenn sprachliche Hilfen auf die Rückseite der Kärtchen gedruckt werden (vgl. Kap. 4.6).

Eine andere Möglichkeit ist die Verknüpfung der Bilder mit Arbeitsaufträgen (z. B. „Finde mindestens drei Schüler in der Klasse, die Fußball spielen."). Kärtchen mit jeweils zwei Bildern eignen sich für Dialoge unter Benutzung von Komparativen („Magst du lieber Fußball oder Volleyball?"). Bilder können natürlich auch zu anderen Themen verwendet werden, z. B. „Tiere", „Nahrungsmittel" oder „Stimmungen". Weniger anschaulich, aber schneller vorzubereiten und auch für abstraktere und komplexere Inhalte geeignet sind Wort- bzw. Textkärtchen, z. B. für Schulfächer, Reiseziele, Wünsche oder Erlebnisse.

Tipp: Bildkärtchen zu bestimmten Themen kommen immer wieder zum Einsatz, sodass sich u. U. das Laminieren und Wiederverwenden lohnt. Im Anschluss an eine Unterhaltung auf der Grundlage von Kärtchen kann die Lehrkraft einen Korb herumgehen lassen oder zwei Schüler mit dem Einsammeln beauftragen.

Dokumentation

Sollen die Ergebnisse innerhalb der Lernaufgabe weiterverwendet werden, ist eine Dokumentation bereits während der Unterhaltung nötig. Dadurch entsteht gleichzeitig ein guter Übungsanlass zum Zuhören (vgl. Kap. 4.1). Vor allem im Anfangsunterricht sollte die Dokumentation knapp und gut (vor)strukturiert sein, um möglichst wenig von den eigentlichen Unterhaltungen abzulenken. Es empfiehlt sich daher, genau zu überlegen, welche Informationen später gebraucht werden, und nur diese dokumentieren zu lassen.

Tipp: Vor allem bei Unterhaltungen im Stehen oder Gehen (vgl. Kap. 2.1) bietet sich der Einsatz fester (Papp-)Unterlagen an, um das Schreiben zu erleichtern. Diese können entweder von den Lernenden mitgebracht oder von der Lehrkraft zur Verfügung gestellt und anschließend wieder eingesammelt werden.

Die einfachste Form der Dokumentation sind Ankreuz- oder Strichlisten. Sie eignen sich als Grundlage für Diagramme oder Beliebtheitsskalen. Geht es um komplexere inhaltliche Informationen, müssen die Ergebnisse zumindest stichwortartig festgehalten werden. Hierfür bietet sich ein vorstrukturierter Bogen an:

Für individuelle Fragen eignet sich eine Tabelle nach folgendem Muster, wobei für schwächere Schüler mögliche Fragen vorgegeben werden und stärkere Schüler eigene Fragen hinzufügen können:

Fragen \ Befragte Schüler					
?					
?					

Eine weitere Möglichkeit zur Strukturierung der Dialoge und zur Dokumentation der Ergebnisse ist ein Bingo-Bogen. Ziel dabei ist, durch gegenseitige Interviews eine Reihe oder den gesamten Bogen zu füllen. Angepasst für komplexere Themen wie z. B. Politik, Landeskunde, Umweltschutz oder Literatur eignet sich ein solcher Bogen auch sehr gut als Einstieg im fortgeschrittenen Unterricht.

Finde eine/n Mitschüler/in, die/der ...		
... kein Musikinstrument spielt.	... gern Inlinehockey spielt.	... nicht Skilaufen kann.
... Leichtathletik macht.	... Klavier spielt.	... im Schwimmverein ist.
... mehr als 5-mal die Woche Sport macht.	... noch nie Tischtennis gespielt hat.	... keine Mannschaftssportart betreibt.

Tipp: In wettbewerbsorientierten Lerngruppen muss die Lehrkraft bei diesem Spiel besonders darauf achten, dass die Schüler nicht schummeln, z. B. indem sie sich gegenseitig ihre Bögen zeigen und voneinander abschreiben.

Methoden und Sozialformen

Naturgemäß ist die Partnerarbeit eine sinnvolle Sozialform für Unterhaltungen. Gerade bei komplexen Fragestellungen kann auch eine der Unterhaltung vorangestellte kurze Denk- und Notizen- oder Murmelphase in Einzelarbeit hilfreich sein. Unterhaltungen in Gruppen sind nur dann sinnvoll, wenn z. B. durch kooperative Aufgaben mit individueller Verantwortlichkeit (vgl. Kap. 3.2) sichergestellt ist, dass sich alle Gruppenmitglieder an der Unterhaltung beteiligen.

Tipp: Um Notizenphasen zu strukturieren, eignen sich Placemats oder die kommunikative Hand (vgl. S. 52).

Die Wahl der Methoden und Sozialformen hängt von Lernziel, Umfang und inhaltlicher Komplexität der Unterhaltungen ab:

Art und Zielsetzung der Unterhaltung	Geeignete Methoden/ Sozialformen	Tipps zur Umsetzung
Tiefergehende, ausführliche Unterhaltungen mit inhaltlichem Schwerpunkt	Partner-/Kleingruppenarbeit	Vor allem Unterhaltungen zu persönlichen Themen führen die Schüler am besten mit selbst gewählten Partnern.

Art und Zielsetzung der Unterhaltung	Geeignete Methoden/ Sozialformen	Tipps zur Umsetzung
Unterhaltung über mehrere Themen innerhalb einer Stunde/Unterrichtseinheit	Stationen, Bushaltestelle	Darauf achten, dass die Schüler sich wirklich gemäß den Themen-/Zeitvorgaben gruppieren.
Umwälzung sprachlicher Strukturen in Kurzdialogen	Omniumkontakt, Gespräch im Gehen, Kugellager	Auf Einhaltung von Regeln (vgl. Kap. 2.1) achten.
Training von Gesprächsstrategien und Redemitteln	Dreiergespräch	Berücksichtigen, dass möglicherweise die authentische Gesprächssituation beeinträchtigt wird, wenn die Schüler das Gespräch gleichzeitig auf der Metaebene reflektieren sollen.
Training des aktiven Zuhörens	Dreiergespräch, Omniumkontakt, Kugellager	

Umgang mit den Ergebnissen

Wie bei anderen Kommunikationsformen, die im geschützten Raum mithilfe simultaner Verfahren durchgeführt werden, stellt sich auch bei Unterhaltungen die Frage nach der Sicherung bzw. Würdigung der Ergebnisse. Je nach Zielsetzung der Unterhaltung kann der Schwerpunkt unterschiedlich liegen, z. B. auf den sprachlichen Strukturen, den Inhalten oder der Kompetenz „Teilnahme an Gesprächen".

Von den Bedürfnissen der Lerngruppe hängt ab, wie ausführlich die Ergebnissicherung gestaltet wird und ob sie schriftlich, mündlich oder vielleicht spielerisch, z. B. in Form eines Ratespiels, erfolgt.

Tipp: Für eine spielerische Form der Ergebnissicherung kann die Unterhaltung mit einem Wettbewerb verbunden werden. Ziel kann sein, einen Bogen am schnellsten auszufüllen, die meisten Partner zu befragen oder die meisten Schüler mit einem vorgegebenen Merkmal zu finden.

Zielsetzung der Unterhaltung	Möglichkeiten zur Ergebnissicherung
Aktivierung der Schüler / Einstimmung auf das Stundenthema	▶ keine explizite Ergebnissicherung ▶ direkte Weiterverarbeitung der Ergebnisse, z. B. in einer Sammel-, Ordnungs- oder Eingrenzungsphase im Rahmen kooperativer Verfahren (vgl. Kap. 3.2)
Erarbeitung von Fakten/Inhalten	▶ keine explizite Ergebnissicherung ▶ direkte Weiterverarbeitung, z. B. Erstellung von Postern, E-Mails, Blogbeiträgen, Zeitungsartikeln
Sprachbezogenes Üben	▶ Ansprechen häufiger Fehlerquellen durch die Lehrkraft ▶ Ratespiel zur erneuten Umwälzung im selben thematischen Kontext, wobei das Plenum entweder a) Fakten über einen Mitschüler erraten muss („Was macht X in seiner Freizeit?"),

Zielsetzung der Unterhaltung	Möglichkeiten zur Ergebnissicherung
Sprachbezogenes Üben	b) erraten muss, welcher Mitschüler beschrieben wird („Wer spielt Cello?") oder c) aus drei genannten Informationen über einen Mitschüler herausfinden muss, welche wahr und welche erfunden sind
Training der Kompetenz „Teilnahme an Gesprächen"	▶ Besprechung der Ergebnisse von Selbst-/Partnerevaluationsbögen, Erarbeitung von Merkmalen einer gelungenen Unterhaltung; Erstellen eigener Evaluationsbögen ▶ Vortrag einzelner Unterhaltungen im „Aquarium" (vgl. Kap. 3.5) mit anschließender Evaluation

Tipp: Im Sicherungsgespräch führen offene Fragen (z. B. „Was habt ihr herausgefunden?") oft zu geringer Beteiligung und inhaltlichen Redundanzen. Günstiger sind gezieltere Fragen, z. B. „Was sind die drei überraschendsten Fakten, die du herausgefunden hast?" oder „Welche Information hat dich am meisten beeindruckt?".

3.4 Rollenspiele

Dieses Kapitel zeigt, wie sich die Schüler durch Rollenspiele auf die mündliche Interaktion in Begegnungssituationen mit Muttersprachlern vorbereiten können.

Die in den vorherigen Kapiteln behandelten Kommunikationssituationen sind authentisch, da sie von den Schülern innerhalb der Unterrichtssituation auch in ihrer Muttersprache geführt werden könnten. Die in diesem Kapitel behandelten Rollenspiele dagegen sind authentisch, da sie mögliche Situationen im Zielsprachenland nachspielen. Als Vorbereitung auf solche Begegnungssituationen sind sie daher sehr gut geeignet. Zudem empfinden viele Schüler Rollenspiele als motivierend.

Rollenspiele fördern vor allem die Kompetenz der Interaktion, besonders die Teilbereiche „Zielorientierte Kooperation", „Transaktionen: Dienstleistungsgespräche" und „Informationsaustausch" als Unterkategorien der Kompetenz „Interaktion" (vgl. Europarat 2001: 80 ff.). Insbesondere trainieren die Schüler im Rollenspiel:

Teilkompetenzen zur Durchführung von Rollenspielen			
freies, spontanes Sprechen	Antizipieren und flexibles Eingehen auf die Äußerungen des Gegenübers	Hineinversetzen in soziale Handlungssituationen	kreatives Ausgestalten von Rollen- und Handlungsvorgaben

Die Durchführung von Rollenspielen stellt hohe Anforderungen an die Schüler, weil neben den Erfordernissen einer Unterhaltung (vgl. Kap. 3.3) auch ein Hineinversetzen in die vorgegebene Rolle nötig ist. Deshalb schulen Rollenspiele auch die Fähigkeit zum Perspektivwechsel (vgl. Ellwart 2010: 54) als Bestandteil der interkulturellen kommunikativen Kompetenz (vgl. Byram 1997).

Themen und Ausführungen

Für Rollenspiele eignen sich prinzipiell alle Themen, die in Begegnungssituationen im Zielsprachenland auftreten können. Die folgende Tabelle gibt einige Beispiele:

Situation	Beispiele	Anforderungen
Simulation von Alltagssituationen im Zielsprachenland (ab A1)	▶ Einkaufsdialoge (Bäcker, Apotheke, Flohmarkt, Postamt, Bahnhof, Restaurant etc.) ▶ Passanten nach dem Weg fragen	▶ typische feststehende Ausdrücke/Redewendungen ▶ Höflichkeitsregeln ▶ spontan auf andere eingehen
Dialoge in vorgegebenen fiktiven Situationen (ab A2)	▶ gemeinsam eine Party / einen Ausflug / eine Reise planen ▶ sich über etwas beschweren und einen Kompromiss aushandeln ▶ Verabredungen treffen, jemanden einladen, Einladungen annehmen/ablehnen	▶ Positionen vergleichen, Kompromisse aushandeln ▶ spontan auf andere eingehen
Dialoge aus der Perspektive vorgegebener Charaktere (ab A2)	▶ Charaktere aus Lehrbuch- oder literarischen Texten oder Bildern, Autoren von Sach- oder literarischen Texten ▶ Personen, die eine typische Position verkörpern (z. B. konservativer Politiker, Menschenrechtler, Wissenschaftler)	▶ sich in andere hineinversetzen, Perspektivwechsel ▶ vorgegebene Positionen vertreten ▶ auf Gegenargumente eingehen

Der Schwierigkeitsgrad kann bei allen Themen durch den Grad der Spontanität bzw. die Präzision der Rollenvorgaben an die Bedürfnisse der Lerngruppe angepasst werden. Dabei kann nach Meyer (1989: 357) unterschieden werden zwischen:
▶ *role taking:* gelenktes Rollenspiel nach festen Vorgaben,
▶ *role making:* freie, kreative Ausgestaltung der Rolle.

Bei beiden Möglichkeiten wird das Einfinden in die Rolle erleichtert, wenn die Situation möglichst genau definiert ist in Bezug auf Ort, Zeit und teilnehmende Personen. Diese Spezifikationen können auch die Schüler vornehmen.

Vorbereitung

Die Gestaltung der Vorbereitung eines Rollenspiels hängt davon ab, wie eng die Rollenvorgaben sind und inwiefern der Gesprächsverlauf durch die vorgegebene Situation festgelegt ist. Je größer der Gestaltungsspielraum der Schüler, desto umfangreicher sollte die Vorbereitungszeit sein.

Art der Vorgaben	Beispiele
Rollenvorgaben	▶ bekannte Persönlichkeiten ▶ Hintergrund, Lebenslauf ▶ Interessen, Meinungen, Wertvorstellungen ▶ Charaktereigenschaften ▶ Verhaltensweisen
Situationsvorgaben	▶ festgelegte Abläufe (z. B. beim Bäcker, im Restaurant) ▶ Verlauf der Kommunikation ▶ Ergebnis der Kommunikation
Sonstige Vorgaben	▶ Verwendung von Schlüsselwörtern/-begriffen ▶ Verwendung bestimmter grammatischer Strukturen ▶ Verwendung bestimmter Requisiten

Bei der Vorbereitung sollte von Anfang an vermieden werden, dass die Schüler ganze Sätze ausformulieren, die während des Rollenspiels zum Ablesen verleiten. Aus diesem Grund können bereits im Vorfeld Strategien für das Erstellen von Notizen besprochen und eingeübt werden (vgl. S. 46 f.). Zudem ist es wichtig, bereits während der Vorbereitungsphase Transparenz über die Anforderungen des Rollenspiels herzustellen.
Die Wahl der Methode und Sozialform für die Vorbereitung hängt davon ab, wie das tatsächliche Rollenspiel durchgeführt werden soll:

Geplante Durchführung	Vorbereitungsmöglichkeiten
Vorspielen eines vorbereiteten Rollenspiels	▶ gemeinsame Vorbereitung mit den späteren Rollenspielpartnern (mit Einübungsphase!)
Spontane Durchführung eines Rollenspiels	▶ Vorbereitung der eigenen Rolle in Einzelarbeit ▶ Vorbereitung in Partner- oder Gruppenarbeit mit Schülern, die dieselbe Rolle haben ▶ Vorbereitung in Partner- oder Gruppenarbeit mit Schülern, die verschiedene Rollen haben

Eine günstige Technik zur gemeinsamen Vorbereitung von Dialogen ist das Erstellen sogenannter Gesprächsgitter. Da hier nicht nur jeder Schüler seine eigenen Redebeiträge notiert, sondern auch die des Partners, ist es leichter, im anschließenden Rollenspiel Sprecherwechsel durchzuführen.

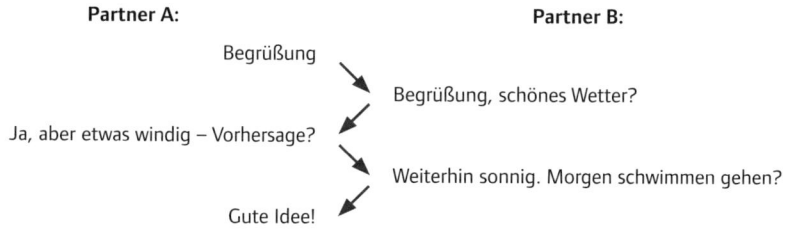

Bei engeren Rollen- und Situationsvorgaben sowie für spontane Rollenspiele mit wechselnden Partnern eignet sich der Einsatz von Rollenkarten. Dafür gelten die folgenden Anforderungen:
▶ knapp und präzise formuliert,
▶ übersichtlich strukturiert,
▶ kein oder wenig unbekanntes Vokabular,
▶ ansprechende Gestaltung.

Tipp: Wie bei den Stichworten für Präsentationen (vgl. Kap. 3.1) empfiehlt es sich auch hier, sprachliche Hilfestellungen getrennt von den inhaltlichen Vorgaben in separaten Wortkästen zu gestalten.

Generell gilt, dass eine gute Vorbereitung auf die inhaltlichen und sprachlichen Anforderungen bei der späteren Durchführung ein möglichst freies Sprechen ermöglicht. Deshalb sollte auch bei sehr engen Rollen- und Situationsvorgaben eine kurze, aber explizite Vorbereitungsphase stattfinden, in der sich die Schüler mit der vorgegebenen Rolle vertraut machen.

Auch das explizite Einüben der notwendigen Strategien erleichtert die spätere Durchführung des Rollenspiels:
▶ Techniken zum Umgang mit Wortschatzlücken und Verständnisschwierigkeiten,
▶ Füll- und Verzögerungswörter (z. B. „ähm", „also", „sozusagen"),
▶ Bezugnehmen auf die Äußerungen des Gegenübers,
▶ Ausdrücke zum Sprecherrollenwechsel (z. B. „..., oder?", „Was meinst du dazu?").

Um die Schüler auf die schauspielerische Ausgestaltung der Rolle vorzubereiten, empfehlen sich vorbereitende Übungen aus dem Bereich des darstellenden Spiels. Diese haben zum Ziel, das Hineinversetzen in eine Rolle sowie die Wahrnehmung und den Einsatz von Gestik, Mimik und Körpersprache zu trainieren und den Schülern die Scheu vor dem darstellenden Spiel zu nehmen.

Übung	Umsetzung
Personen verkörpern	Ein Schüler verkörpert eine Person von einem Bild aus einer Auswahl von Bildern und erfindet deren Identität. Die Mitschüler erraten anhand von W-Fragen/Entscheidungsfragen, um welches Bild es sich handelt (Partner-/Gruppenarbeit, Omniumkontakt, Plenum).
Personengeflecht	Die Schüler erarbeiten anhand eines Bildes, das mehrere Personen zeigt (z. B. Familie, Clique), Lebenssituation, Beziehungen und Stimmungen der Personen.
Pantomime	Ein Schüler stellt pantomimisch eine Handlung/Stimmung/Person/Berufsgruppe/Charaktereigenschaft dar, die die Mitschüler erraten müssen (Partner-/Gruppenarbeit, Omniumkontakt, Plenum). *Variation:* Die darstellenden Schüler schauen eine Fernsehsendung/lesen ein Buch/hören Musik; die Mitschüler müssen erraten, um welche Art von Sendung/Buch/Musik es sich handelt.

Übung	Umsetzung
Standbilder	Eine Schülergruppe stellt in einem Standbild eine Situation/Aktivität dar, die die Mitschüler erraten müssen (Gruppenarbeit, Plenum).
Personen-Memory	2–4 Spieler verlassen den Raum. Die übrigen Schüler bilden Paare, die jeweils dieselbe Handlung/Stimmung pantomimisch darstellen. Die Spieler rufen der Reihe nach jeweils zwei Mitschüler auf, die ihre Pantomime durchführen. Aufgabe der Spieler ist es, Paare „aufzudecken" (Plenum).
Bewegung im Raum	Die Schüler erhalten den Auftrag, sich im Raum zu bewegen und dabei eine Handlung/Stimmung/Person/Berufsgruppe/Charaktereigenschaft zu verkörpern (Plenum). *Variation:* Immer zwei Schüler erhalten denselben Auftrag und müssen einander finden.
Sätze/Sprichwörter gestalten	Ein Schüler hat die Aufgabe, einen Satz nach einer Vorgabe vorzutragen (z. B. als Witz, Nachrichtensendung, Märchen, Lüge). Die Mitschüler erraten, wie die Vorgabe lautete (Partner-/Gruppenarbeit, Omniumkontakt, Plenum).
Unsinnssprache	Ein Schüler macht eine Äußerung (z. B. sich nach dem Wohlbefinden erkundigen, Bestellung im Restaurant, Ausrede), die aus beliebigen, erfundenen Lauten (z. B. „lalala") besteht. Die Mitschüler müssen Situation und Inhalt der Äußerung erraten (Partner-/Gruppenarbeit, Omniumkontakt, Plenum).
Spontanreaktionen	Je die Hälfte der Schüler bekommt einen kurzen Satz mit der Aufgabe, diesen einem Partner mit passender Betonung, Mimik etc. vorzutragen. Der Partner soll darauf möglichst spontan reagieren (Omniumkontakt, Kugellager).
Standardsituationen	Die Schüler haben die Aufgabe, mit wechselnden Partnern eine Standard-Kommunikationssituation (z. B. einander begrüßen, verabschieden) nach bestimmten Vorgaben (z. B. lustig, traurig, cool, romantisch) zu spielen (Omniumkontakt, Gespräch im Gehen, Kugellager).

Tipp: Einige der oben beschriebenen Übungen können als Wettbewerb gestaltet werden, bei dem es darum geht, möglichst wenige Versuche zum Erraten zu brauchen.

Durchführung

Rollenspiele können je nach Zielsetzung, Präferenzen und Bedürfnissen von Lehrkraft und Lerngruppe entweder vorgespielt oder spontan ohne Publikum durchgeführt werden:

Durchführung	Chancen und Möglichkeiten	Tipps
Vorspielen vor der gesamten Lerngruppe oder vor Teilgruppen	▶ schauspielerische Leistung durch Vorführsituation gefordert ▶ Möglichkeit der Rückmeldung durch die Zuschauer	▶ bei verschiedenen Versionen/Situationen können die Zuschauer im Anschluss raten, um welche Version/Situation es sich handelt ▶ kriterienorientierte Feedbackbögen für die Zuschauer

Durchführung	Chancen und Möglichkeiten	Tipps
Spontanes Rollenspiel ohne Publikum	▶ Üben des freien Sprechens und Interagierens ▶ authentischere Kommunikationssituation ▶ Vermeidung von Druck und Nervosität durch Vorspielsituation	▶ Möglichkeit der Wiederholung des Rollenspiels mit verschiedenen Partnern, z. B. im Omniumkontakt, Kugellager, Lerntempoduett ▶ Einsatz kriterienorientierter Selbstevaluationsbögen ▶ Aufzeichnung auf Video ▶ systematische Beobachtung und Rückmeldung durch die Lehrkraft hilfreich

Die folgenden Maßnahmen können den Schülern die schauspielerische Umsetzung der Rolle erleichtern:
▶ Vermeidung von Unterbrechungen während des Rollenspiels,
▶ Einsatz von Requisiten,
▶ passende räumliche Gestaltung (z. B. Verkaufstresen).

Tipp: Vor allem unsicheren und sprachlich schwachen Schülern kann es helfen, die Rollen doppelt zu besetzen mit jeweils einem Rollenträger und einem Sprachhelfer, der bei Schwierigkeiten unterstützen kann (vgl. Davis/Rinvolucri 1990: 25f.).

Ergebnissicherung
Die Gestaltung der Ergebnissicherung hängt davon ab, ob das Rollenspiel vor Publikum durchgeführt wurde und was in dieser Phase vermittelt werden soll.

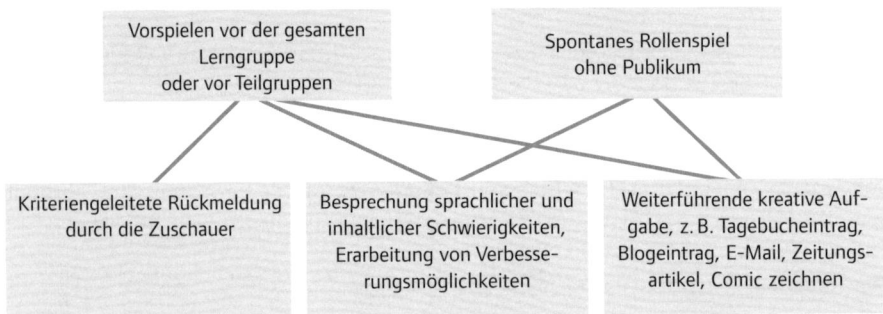

Bei einer Rückmeldung durch die Zuschauer eignen sich gezielte, ggf. auch arbeitsteilige Beobachtungsaufträge während des Rollenspiels. Für die Beobachtungsaufträge sowie die anschließende Rückmeldungsphase gelten dieselben Maßnahmen und Regeln wie bei Präsentationen (vgl. Kap. 3.1). Je nach Schwerpunktsetzung, Thema und Sprachniveau der Schüler können folgende Kriterien als Evaluationsgrundlage dienen:

Inhalt	▸ Berücksichtigung der Rollenvorgaben bzw. der Kommunikationssituation ▸ kreative Ausgestaltung der Rolle ▸ Komplexität und Ausführlichkeit der Redebeiträge
Strategie	▸ Flüssigkeit ▸ Eingehen auf die Interaktionspartner ▸ Beitrag zur Fortsetzung bzw. zum Ergebnis der Interaktion
Sprache	▸ Komplexität und Umfang von Wortschatz und sprachlichen Strukturen ▸ sprachliche Korrektheit (Grammatik, Wortschatz, Aussprache, Intonation) ▸ Artikulation, Sprechtempo, Lautstärke

3.5 Diskussionen

Dieses Kapitel zeigt, wie bei Diskussionen im Unterricht sowohl inhaltlicher Anspruch als auch eine breite Aktivierung gewährleistet werden können.

Diskussionen zu schülerrelevanten Themen sind ein motivierender Kommunikationsanlass und bieten gleichzeitig eine Vorbereitung auf eine häufige Gesprächsform in Begegnungssituationen mit Muttersprachlern. Die Schüler trainieren dabei die Kompetenz der „Interaktion", insbesondere die Teilbereiche „Informelle Diskussion unter Freunden", „Formelle Diskussionen und Besprechungen" und „Zielorientierte Kooperation" (vgl. Europarat 2001: 80 ff.).

Die Teilnahme an Diskussionen in einer Fremdsprache stellt hohe Anforderungen an die Lerner. Insbesondere werden dabei die folgenden Kompetenzen gefordert und geschult:

Teilkompetenzen zur Teilnahme an Diskussionen			
freies, spontanes Sprechen	Antizipieren und flexibles Eingehen auf die Äußerungen des Gegenübers	Hineinversetzen in soziale Handlungssituationen	Erfassen und kritisches Hinterfragen von Standpunkten und Argumenten

Dabei kommen verschiedene Strategien vermehrt zum Einsatz. Sie sollten daher explizit thematisiert und eingeübt werden:
▸ Techniken zum Umgang mit Wortschatzlücken und Verständnisschwierigkeiten,
▸ Füll- und Verzögerungswörter (z. B. „ähm", „also", „sozusagen"),
▸ Bezugnehmen auf die Äußerungen des Gegenübers,
▸ Ausdrücke zum Einbeziehen des Gegenübers und zum Sprecherrollenwechsel.

Als Diskussionsanlässe eignen sich prinzipiell alle Themen, zu denen es verschiedene Positionen gibt und die für die Schüler relevant sind. Günstig ist es, wenn Diskussionen nicht (nur) um ihrer selbst willen geführt werden, sondern in eine thematische Reihe eingebunden sind. Ein solches Vorgehen ist auch darum günstig, weil dann die nötigen Argumente und Redemittel schon vorentlastet sind.

Je nach Interesse, sprachlichem Niveau der Lerngruppe und thematischem Kontext kann das Anforderungsniveau durch Vorentlastung sowie sprachliche und inhaltliche Vorgaben angepasst werden (vgl. auch Kap. 4.5).

Tipp: Bereits Schüler ab dem Niveau A2 können kleine Diskussionen zu Themen und Fragestellungen des Alltags meistern. So kann z. B. die Wochenendplanung kontrovers diskutiert werden, wenn die Partner unterschiedliche Aktivitäten machen möchten. Auch sogenannte Dilemmas (vgl. das Spiel *Scruples*, Milton Bradley Limited 1986, z. B. „Du hast einem Freund vor zwei Wochen 10 € geliehen. Würdest du ihn daran erinnern?") eignen sich als einfache Diskussionsanlässe mit Alltagsbezug.

Situation	Beispiele	Anforderungen
die eigene Meinung vertreten	▶ informelle Diskussionen mit offenen Fragestellungen, z. B. „Was hältst du von …?", oder zu Präferenzen, z. B. „Was ist wichtiger, Freiheit oder Sicherheit?"	▶ die eigene Meinung vertreten ▶ argumentieren ▶ auf Gegenargumente eingehen
eine vorgegebene Position vertreten	▶ Pro-Kontra-Diskussionen, Debatten ▶ Hütemethode (vgl. S. 76)	▶ sich in andere hineinversetzen, Perspektivwechsel ▶ vorgegebene Positionen vertreten ▶ argumentieren ▶ auf Gegenargumente eingehen
die Position einer vorgegebenen (fiktiven oder realen) Person vertreten	▶ Charaktere aus Lehrbuch- oder literarischen Texten, Autoren von Sach- oder literarischen Texten ▶ Personen, die eine typische Position verkörpern (z. B. konservativer Politiker, Menschenrechtler, Wissenschaftler)	

Tipp: Ein als Frage formuliertes Diskussionsthema weckt das Interesse der Lernenden und signalisiert die Möglichkeit verschiedener Meinungen und die Offenheit des Ausgangs der Diskussion.

Vorbereitung

Aufgrund der komplexen Anforderungen während einer Diskussion empfiehlt sich eine sorgfältige Vorbereitung. Die Vorbereitungsphase kann verschiedene Aufgaben erfüllen:
- ▶ Einarbeitung in das Thema bzw. die Fragestellung,
- ▶ Sammeln und Strukturieren von Argumenten für die eigene Position,
- ▶ Antizipieren von Argumenten der Gegenposition,
- ▶ Erarbeitung möglicher Kompromiss-/Einigungsmöglichkeiten.

Wie bei anderen Kommunikationsanlässen gilt auch hier, dass die Notizen möglichst nicht in ganzen Sätzen verfasst werden sollten, um ein späteres Ablesen zu vermeiden (vgl.

Kap. 3.1). Besonders geeignet für Notizen zur Vorbereitung einer Diskussion ist ein vorstrukturiertes Arbeitsblatt:

Argumente für meine Position	Mögliche Gegenargumente
1. 2. 3. …	1. 2. 3. …
Kompromissvorschläge:	

Die Vorbereitung einer Diskussion fällt den Schülern leichter, wenn bereits in dieser Phase Transparenz besteht in Bezug auf:
- ▶ Methode und Sozialform der Diskussion,
- ▶ Ort, Zeit, Situation und teilnehmende Personen,
- ▶ Anforderungen bzw. Kriterien einer gelungenen Diskussion.

Mit den folgenden Bewertungskriterien können je nach Schwerpunktsetzung, Thema und Sprachniveau der Schüler die passenden Schwerpunkte gesetzt werden:

Inhalt	▶ Umfang der Argumente ▶ Relevanz der Argumente ▶ Aufbau und Struktur der Redebeiträge
Strategie	▶ Flüssigkeit ▶ Lebendigkeit ▶ Eingehen auf die Diskussionspartner und deren Argumente
Sprache	▶ Komplexität und Umfang von Wortschatz und sprachlichen Strukturen ▶ sprachliche Korrektheit (Grammatik, Wortschatz, Aussprache, Intonation) ▶ Artikulation, Sprechtempo, Lautstärke

Durchführung

Zur Durchführung von Diskussionen eignen sich prinzipiell alle in Kapitel 2.1 vorgestellten kooperativen Methoden und natürlich das Plenum. Speziell für Diskussionen bieten sich zudem die folgenden Methoden an:
- ▶ **Aquarium:** Die Schüler bereiten die Diskussion in Gruppen vor. Dabei können für die einzelnen Gruppen verschiedene Rollen bzw. Standpunkte vorgegeben werden. Die eigentliche Diskussion führt dann im Plenum jeweils ein Vertreter jeder Gruppe, während die übrigen Schüler als Beobachter tätig sind. Weniger exponiert sind die diskutierenden Schüler, wenn hinter jedem Schüler ein Vertreter steht, der ggf. unterstüt-

zend eingreifen kann, oder wenn Schüler aus dem Plenum optional an der Diskussion teilnehmen können.

- **Heißer Stuhl:** Ein Schüler hat den Auftrag, eine extreme Position zu vertreten und diese gegenüber einer Gruppe zu verteidigen. Auch hier kann der Schüler auf dem „heißen Stuhl" von einem Mitschüler oder von Schülern aus dem Plenum unterstützt werden.
- **Hütemethode:** Den Diskussionsteilnehmern wird jeweils ein farbiger Hut und damit eine Herangehensweise zugewiesen:
  - weißer Hut: analytisches Denken, Objektivität,
  - roter Hut: emotionales Denken, Subjektivität,
  - schwarzer Hut: kritisches Denken, Skepsis,
  - gelber Hut: optimistisches Denken,
  - grüner Hut: kreatives, assoziatives Denken,
  - blauer Hut: ordnendes, moderierendes Denken.
- **Thesenspiel:** Die Lehrkraft nennt/zeigt der Reihe nach mehrere Thesen. Die Schüler positionieren sich jeweils in „ja", „nein", „vielleicht" entsprechenden Bereichen des Raumes oder auf einer Skala von 1 (Ablehnung) bis 5 (Zustimmung). Das Spiel eignet sich bei komplexen Themen, entweder am Anfang der Reihe oder zur Strukturierung der Abschlussdiskussion.

Die Durchführung kann je nach Zielsetzung, Präferenzen und Bedürfnissen von Lehrkraft und Lerngruppe entweder vor der gesamten Lerngruppe, vor Teilgruppen oder ohne Publikum erfolgen:

	Diskussion vor der gesamten Lerngruppe oder Teilgruppen	Diskussion ohne Publikum
Geeignete Methoden	▶ Aquarium, heißer Stuhl, Hütemethode	▶ Partner-/Gruppenarbeit, Kugellager / kommunikatives U, Lerntempoduett/Bushaltestelle, Hütemethode, Thesenspiel, Pyramidendiskussion
Chancen und Möglichkeiten	▶ authentisch bei fiktiven Diskussionssituationen (z. B. Talkshow, Parlamentsdebatte), die normalerweise vor Zuschauern stattfinden ▶ Möglichkeit der Rückmeldung durch die Zuschauer	▶ Üben des freien Sprechens und Interagierens ▶ authentisch bei Diskussionssituationen, die normalerweise ohne Publikum stattfinden (z. B. unter Freunden, in der Familie) ▶ Vermeidung von Druck und Nervosität durch Vorspielsituation
Tipps	▶ wird im Vorfeld nicht verraten, wer welche Position vertritt, können die Zuschauer dies im Anschluss erraten	▶ Möglichkeit der Wiederholung der Diskussion mit verschiedenen Partnern, z. B. im Omniumkontakt, Kugellager, Lerntempoduett

	Diskussion vor der gesamten Lerngruppe oder Teilgruppen	Diskussion ohne Publikum
Tipps	▶ kriterienorientierte Feedbackbögen für die Zuschauer ▶ ggf. Moderation durch Lehrkraft oder leistungsstarke(n) Schüler	▶ Einsatz kriterienorientierter Selbstevaluationsbögen ▶ ggf. Moderation durch leistungsstarke(n) Schüler ▶ systematische Beobachtung und Rückmeldung durch die Lehrkraft hilfreich

Tipp: Vor allem bei komplexen Themen kann es bei Diskussionen mit vorgegebenen Standpunkten sinnvoll sein, die jeweiligen Rollen doppelt zu besetzen, damit sich die Schüler gegenseitig unterstützen können.

Ergebnissicherung

Je nach Zielsetzung, Methode, Zeitrahmen, Niveaustufe und Voraussetzungen der Lerngruppe gibt es verschiedene Möglichkeiten, die Ergebnisse der Diskussion zu sichern. Dabei kommt es nicht darauf an, dass die Schüler sich einer gemeinsamen Meinung anschließen, sondern dass sie die verschiedenen möglichen Meinungen und die dazugehörigen Argumente kennen und verstehen. Die nächsten Abschnitte beschäftigen sich mit einigen möglichen Schwerpunkten bei der Ergebnissicherung von Diskussionen.

Tipp: Generell sollte in dieser Phase zunächst die inhaltliche Diskussion abgeschlossen werden, bevor eine Besprechung methodischer und sprachlicher Aspekte erfolgt.

Rekapitulation der Argumente

Bei diesem Verfahren schreiben Beobachter die während der Diskussion genannten Argumente auf. Diese werden dann, z. B. in Form eines Handouts, allen Schülern zur Verfügung gestellt. Je nach Komplexität der Diskussion und Niveau der Lerngruppe kann das Mitschreiben auch arbeitsteilig erfolgen, z. B. indem sich die Beobachter bzw. eine Beobachtergruppe jeweils nur auf einen Diskussionsteilnehmer oder nur auf Pro- bzw. Kontraargumente konzentrieren. Dieses Verfahren eignet sich vor allem

▶ bei Diskussionen vor der gesamten Lerngruppe oder vor Teilgruppen zur Einbindung der Beobachter,
▶ bei Diskussionen mit vorgegebenen Rollen als Grundlage für die anschließende Meinungsabfrage (s. u.),
▶ bei schwachen Lerngruppen zur Wiederholung und schriftlichen Sicherung der Argumente,
▶ bei komplexen Diskussionen mit mehreren verschiedenen Positionen zur (Re-)Strukturierung der genannten Argumente,
▶ als Grundlage für die Weiterverarbeitung der Ergebnisse (s. u.).

Meinungsabfrage

Vor allem bei Diskussionen mit vorgegebenen Positionen ist es wichtig, dass die Schüler im Anschluss die Möglichkeit haben, ihre persönliche Meinung auszudrücken. Auch nach Diskussionen in kleineren Gruppen oder wenn, z. B. bei der Aquariumsdiskussion, nur wenige Schüler die Gelegenheit zur Diskussion hatten, empfiehlt sich eine anschließende Meinungsabfrage im Plenum. Dafür eignen sich je nach Thema, Präferenzen von Lehrkraft und Lerngruppe und zur Verfügung stehender Zeit die folgenden Verfahren:

▶ freie Diskussion,
▶ Visualisierung der Positionen, z. B. durch das Hochhalten von Schildern (ja/grün – vielleicht/gelb – nein/rot) oder den Daumen (hoch, waagerecht, tief) mit anschließender Begründung,
▶ Positionieren im Raum, z. B. in bestimmte Bereiche des Raumes oder auf einer Skala, mit anschließender Begründung,
▶ Abstimmung, z. B. durch Handheben, Markierung an der Tafel / auf einem Poster oder schriftlich.

Kreative Weiterverarbeitung

Die Erfahrungen und Ergebnisse der Diskussion können im Anschluss weiterverarbeitet werden. Hierbei bekommen auch Schüler, die während der Diskussion weniger aktiv waren, die Chance, ihren Standpunkt auszudrücken. Die Inhalte werden erneut umgewälzt und die Pluralität an Meinungen und Erfahrungen wird bei der Besprechung deutlich.

Tipp: Wenn die Schüler aus verschiedenen Aufgabenstellungen auswählen können, werden individuelle Präferenzen berücksichtigt und auch die anschließende Besprechung der Ergebnisse wird interessanter.

Je nach Thema, Interesse und Sprachniveau der Schüler eignen sich verschiedene Aufgabentypen, z. B.:

Tipp: Die o. g. Aufgaben können entweder aus der Sicht eines Diskussionsteilnehmers, eines (unbeteiligten) Beobachters oder aus der persönlichen Sicht heraus ausgeführt werden.

Feedback
Ähnlich wie bei Präsentationen (vgl. Kap. 3.1) und Rollenspielen (vgl. Kap. 3.4) bietet sich auch bei Diskussionen vor Publikum eine anschließende Rückmeldungsphase durch die Beobachter an. Dabei gelten dieselben Regeln wie bei anderen Rückmeldephasen (vgl. Kap. 3.1). Die Rückmeldungen können auf der Grundlage gezielter, ggf. auch arbeitsteiliger Beobachtungsaufträge erfolgen und inhaltliche, strategische und sprachliche Aspekte einbeziehen.

Methodenevaluation
Insbesondere bei neuen Methoden bietet es sich an, im Anschluss mögliche inhaltliche, methodische und sprachliche Verbesserungsmöglichkeiten zu besprechen. Um ein solches Vorgehen für die Schüler relevant und somit motivierend zu gestalten, haben sich einige Maßnahmen besonders bewährt:
- den Schwerpunkt auf Verbesserungsmöglichkeiten in der Zukunft setzen statt auf Kritik an der Vergangenheit,
- die Schüler bei der Wahl von Besprechungsaspekten einbeziehen,
- sich auf wenige Aspekte beschränken,
- Kritik an und Bloßstellen von Einzelpersonen vermeiden („Wir könnten ..." statt „Du hast ...").

3.6 Sprachmittlung

Dieses Kapitel zeigt, dass Sprachmittlungsaufgaben als motivierende und authentische Kommunikationsanlässe gestaltet werden können, die mit traditioneller Übersetzung nicht mehr viel zu tun haben.

Die Sprachmittlung wird im GeR und in den Rahmenrichtlinien vieler Bundesländer mit den anderen kommunikativen Kompetenzen Sprechen, Hören, Lesen, Schreiben gleichgesetzt. Sie ist zudem in Klassenarbeiten und teilweise auch bereits in Prüfungen zum Erreichen des Mittleren Schulabschlusses und im Abitur als Aufgabenteil vorgesehen. Trotz dieser bedeutenden Stellung in Bildungsstandards und curricularen Vorgaben ist die Sprachmittlung in den gängigen Lehrwerken und im alltäglichen Fremdsprachenunterricht noch wenig etabliert.

Deshalb beschäftigen sich die nächsten Abschnitte mit den Fragen, was Sprachmittlung eigentlich ist und wie sie zu motivierenden mündlichen Kommunikationsanlässen führen kann, die die mündliche Kommunikationskompetenz und das Sprachbewusstsein der Schüler nachhaltig verbessern können.

Sprachmittlung – wann, wie und wozu eigentlich?

Sprachmittlung ist „die adressaten-, sinn- und situationsgerechte Übermittlung von Inhalten geschriebener und gesprochener Texte von einer Sprache in die andere" (Rössler 2008: 58). Die Lerner fungieren dabei als „Mittler zwischen Gesprächspartnern […], die einander nicht direkt verstehen können, weil sie Sprecher verschiedener Sprachen sind" (Europarat 2001: 89). Sprachmittlung umfasst die folgenden Teilbereiche (vgl. Europarat 2001: 90):

Teilbereiche der Sprachmittlung			
Dolmetschen	genaues Übersetzen	Zusammenfassen der wesentlichen Punkte	Paraphrasieren

Mündliche Sprachmittlung bereitet die Schüler auf interlinguale und interkulturelle Kommunikationssituationen vor. In Schule, Studium, Beruf und Alltagsleben ist Sprachmittlung für die Schüler in verschiedenen Situationen relevant:

Art der Informationsübertragung	Beteiligte Sprachen
Informationen aus einer schriftlichen Quelle ins Mündliche übertragen	▶ aus dem Deutschen in eine andere Sprache ▶ aus einer anderen Sprache ins Deutsche
Informationen aus einer mündlichen Quelle übermitteln	▶ aus dem Deutschen in eine andere Sprache ▶ aus einer anderen Sprache ins Deutsche
In Gesprächen vermitteln	▶ abwechselnd von der einen in die andere Sprache

Tipp: Sprachmittlung kann entweder vom Deutschen in die Zielsprache oder umgekehrt erfolgen. Da die Schüler nur in ersterem Fall die Zielsprache aktiv produzieren müssen, wird dieser vor allem bei Prüfungsaufgaben häufig bevorzugt.

Um Sprachmittlungsaufgaben erfolgreich zu meistern, benötigen die Schüler neben den auch für andere kommunikative Aufgaben relevanten sprachlichen Fähigkeiten insbesondere die folgenden Kompetenzen:

Leseverstehen/Hörverstehen/Hörsehverstehen	Sprachproduktion
▶ selektive Informationsentnahme ▶ Text- und Worterschließungstechniken ▶ Textanalyse/-interpretation	▶ Verfügbarkeit sprachlicher Mittel (themenspezifisches Vokabular, indirekte Rede, Konnektoren etc.) ▶ Kenntnis von Textsorten/Registern ▶ sinngemäße Wiedergabe vorgegebener Inhalte

Interaktion	Interkulturelle Kompetenz
▶ Erkennen von Handlungs- und Kommunikationszielen, Vorwissen und Verhältnis der Kommunikationspartner ▶ Umsetzung der Interessen der Kommunikationspartner ▶ Höflichkeits-, Diskurs- und Sprachkonventionen der jeweiligen Sprachen	▶ Berücksichtigung sprachlicher/sozialer Gepflogenheiten der Zielsprachenländer ▶ Gespür für das kulturelle Wissen beider Gesprächspartner ▶ Wissen um interkulturell verschiedene Erwartungshaltungen/Handlungsmuster
Sprachbewusstheit	**Methodisch-strategische Kompetenz**
▶ Fähigkeit, idiomatische Wendungen zu übertragen ▶ Kenntnis nicht übersetzbarer Begriffe und „falscher Freunde" ▶ Fähigkeit, sich an unterschiedliche Register und Diskurstypen anzupassen	▶ Umgang mit Wörterbuch und Übersetzungshilfen ▶ Ausweich- und Kompensationsstrategien ▶ Vereinfachung komplexer Redemittel und Inhalte ▶ schnelle Reaktion, flexibles Wechseln zwischen den Sprachen

Tipp: Im schulischen Kontext ist zu unterscheiden zwischen genauem Dolmetschen bzw. Übersetzen und dem sinngemäßen Übertragen von Informationen, wobei Letzteres für die gegenwärtige und zukünftige Lebenswelt der Schüler relevanter ist. Während bei der wörtlichen Übersetzung eher sprachliche Kompetenzen im Vordergrund stehen, sind für die sinngemäße Sprachmittlung auch pragmatische und interkulturelle Kompetenzen erforderlich.

Trotz der komplexen Anforderungen sind Sprachmittlungsaufgaben ein motivierendes Aufgabenformat zur Förderung der mündlichen Kommunikationskompetenz:
▶ Sie bereiten Schüler auf das Sprachhandeln in Begegnungssituationen mit Muttersprachlern der Zielsprache vor.
▶ Die Einbeziehung der deutschen Sprache kann gerade schwächeren Schülern eine gewisse Sicherheit geben und besonders beim Sprachmitteln ins Deutsche zu Erfolgserlebnissen führen.
▶ Die Loslösung vom Ausgangstext bietet Raum für kreative Ausgestaltung und die Lösung sprachlicher Schwierigkeiten.
▶ Sprachmittlungsaufgaben tragen zu einem Bewusstsein der eigenen Mehrsprachigkeit bei.
▶ Die Schüler erweitern ihre interkulturelle Kompetenz, indem sie Kenntnisse über die beiden Sprachen und Kulturkreise aktiv nutzen und sich im Perspektivwechsel üben.

Konzeption von Sprachmittlungsaufgaben
Wie bei anderen Kommunikationsanlässen ist es auch bei Sprachmittlungsaufgaben wichtig, dass sie auf authentischen Materialien beruhen und in einen realistischen situativen Kontext eingebettet sind. Das bedeutet auch, dass sie thematisch nicht isoliert, sondern in den aktuellen Reihenkontext integriert sind.

Sprachmittlungssituationen im schulischen Unterricht ähneln denen eines Rollenspiels (vgl. Kap. 3.4), da sich die Schüler auch hier in eine fiktive Situation hineinversetzen und darin kontext- und adressatenangemessen agieren müssen. Deshalb empfiehlt es sich, im Vorfeld die Parameter der Kommunikationssituation möglichst genau zu definieren oder von den Schülern erarbeiten zu lassen:

- Ort, Zeit, Rahmenbedingungen,
- beteiligte Personen und deren jeweilige Voraussetzungen und Kommunikationsabsichten (Für wen wird gemittelt? Wie sind Sprachstil und Register? Wie ist das Verhältnis zwischen den beteiligten Personen und dem Sprachmittelnden?),
- Verlauf und Ziel der Sprachmittlungssituation (Welche Aspekte müssen aus dem Originaltext ausgewählt werden? Worin besteht die Kürzung?).

Zudem sollten Sprachmittlungsaufgaben präzise vorgeben, welche Inhalte vermittelt werden sollen. Bei Texten könnten dies z. B. nur die Hauptaussagen, Informationen zu einem bestimmten Thema oder aus einem bestimmten Textabschnitt sein.

Tipp: Um die Schüler nicht in Versuchung zu führen, wortgenau zu übersetzen, sondern sie zum Gebrauch eigener Redemittel zu motivieren, sollten bei Sprachmittlungsaufgaben nur wenige Vokabelhilfen und keine Wörterbücher zur Verfügung gestellt werden.

Als Textgrundlage für die mündliche Sprachmittlung eignen sich vielfältige authentische Materialien in der Mutter- und Fremdsprache:

Art der Sprachmittlung	Beispiele
Informationen aus einer schriftlichen Textgrundlage in eine andere Sprache übertragen	▶ Briefe, E-Mails, Textnachrichten, Post-/Glückwunschkarten ▶ Eintrittskarten, Fahrkarten ▶ Fahrpläne, Flugpläne, Informationstafeln, Wegweiser ▶ Reiseführer, Stadtführer ▶ Speisekarten, Kochrezepte ▶ Gebrauchsanweisungen, Werbetexte ▶ Sachtexte, Zeitungstexte ▶ literarische Texte (Kurzgeschichten, Gedichte, Lieder) ▶ Webinhalte/Internetseiten ▶ Diagramme, Grafiken
Informationen aus einer mündlichen Informationsquelle in eine andere Sprache übertragen	▶ Durchsagen ▶ Filmausschnitte/-inhalte ▶ Nachrichten, Wetterberichte ▶ Stadtführungen
Sprachmittlung in Gesprächen	▶ Dienstleistungsgespräche (z. B. Einkauf, Restaurantbesuch) ▶ Orientierungs- und Beratungsgespräche ▶ Einholen von Auskünften ▶ persönliche Gespräche, Kontaktgespräche

Tipp: In realen Sprachmittlungssituationen kommt es häufig vor, dass die Informationsquelle zum Zeitpunkt der Sprachmittlung nicht mehr zur Verfügung steht. Solche Fälle sollten mit den Schülern explizit geübt werden. Dabei ist zu berücksichtigen, dass Informationen insgesamt weniger genau und mit stärkerer subjektiver Prägung übermittelt werden.

Anleitung von Sprachmittlungsaufgaben

Da mündliche Sprachmittlung hohe Anforderungen an die Schüler stellt, empfiehlt es sich, die Schüler bereits ab dem Anfangsunterricht schrittweise an diese Aufgaben heranzuführen:

- Das Übertragen von der Zielsprache ins Deutsche ist oft einfacher als vom Deutschen in die Zielsprache; schriftlich vorliegende Informationen lassen sich leichter übertragen als mündliche.
- Mit den Schülern das systematische Herangehen an Sprachmittlungsaufgaben besprechen und einüben:
    1. Situation klären,
    2. Ausgangsinformationen verstehen,
    3. vereinfachen und strukturieren,
    4. interkulturelle/sprachliche Besonderheiten berücksichtigen.
- Gezielte Übungen helfen bei der Entscheidung, welche Inhalte relevant sind: z. B. Schlüsselwörter suchen, Lesestrategien wie *skimming* und *scanning* (Henseler/Surkamp 2009) und das Hineinversetzen in die Erfordernisse der Sprachmittlungssituation. Für Letzteres eignet sich auch die folgende Übung zu möglichen Sprachmittlungsaufgaben und -situationen:

Situation/Aufgabe	Art/Zielsetzung der Ausgangsinformation?	Voraussetzungen/ Zielsetzung der/ des Adressaten?	Verhältnis der Interaktionspartner (→ Register)?
Zusammenfassen eines zielsprachigen Zeitungsartikels für die deutschen Mitschüler in einer Projektarbeit			
Als Austauschschüler im Zielsprachenland den Mitschülern den Inhalt eines deutschen Popsongs erläutern			
Bei einem Aufenthalt im Zielsprachenland einem Freund, der die Sprache nicht spricht, in einem Restaurant die Speisekarte erklären und seine Bestellung aufgeben			

- ▶ Strategien zur Erschließung unbekannter Redemittel und zur Umschreibung fehlender Redemittel (vgl. Kap. 4.3) trainieren.
- ▶ Bewusstsein für Germanismen, falsche Freunde und kulturell unterschiedlich besetzte Ausdrücke wecken.
- ▶ Zur Vorbereitung von Sprachmittlung in Gesprächen zunächst schriftliche Übungen mit vorstrukturierten Arbeitsblättern verwenden, da in der schriftlichen Form mehr Verarbeitungs- und Planungszeit zur Verfügung steht. Die Handlungsanweisungen (z. B. „Deine Austauschpartnerin aus …, die bei dir zu Besuch ist, will wissen …") können dabei auf Deutsch oder in der Zielsprache sein.
- ▶ Tandembögen müssen für die Sprachmittlung etwas umgestaltet werden, damit für die Schüler klar zu erkennen ist, wer was wann in welcher Sprache sagt:

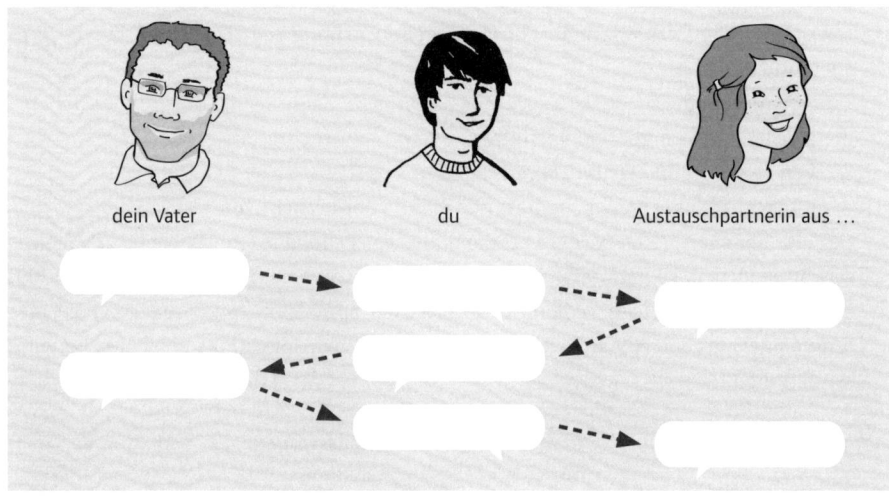

Welches Lernarrangement für die Durchführung von Sprachmittlungsaufgaben gewählt wird, hängt von der Art der Sprachmittlung ab:

Art der Sprachmittlung	Mögliche Lernarrangements
Informationen aus einer schriftlichen Quelle ins Mündliche übertragen; Informationen aus einer mündlichen Quelle mündlich übermitteln	Partner- oder Gruppenpuzzle, Bushaltestelle: Die Schüler bearbeiten unterschiedliche Texte, bereiten sich in arbeitsgleichen Paaren/Gruppen auf die Übertragung in die andere Sprache vor und tragen sich in arbeitsteiligen Paaren/Gruppen die Ergebnisse gegenseitig vor.
In Gesprächen vermitteln	Arbeit in Dreiergruppen oder größeren Gruppen, sodass jeder Schüler eine Rolle übernimmt: ▶ Vorspielen vor Publikum ▶ spontanes Rollenspiel ohne Publikum

Tipp: Bei Sprachmittlungsaufgaben in Form von Gesprächen ist zu beachten, dass die Schüler innerhalb ihrer Dreiergruppen gelegentlich die Rollen wechseln, damit nicht ein Schüler immer die „leichte" Rolle des deutschen Gesprächspartners übernimmt.

Evaluation und Bewertung von Sprachmittlungsaufgaben

Wie bei anderen mündlichen Kommunikationsaufgaben gliedert sich auch die Bewertung von Sprachmittlungsaufgaben in die Kriterien Inhalt, Strategie und Sprache. Dabei kann die Lehrkraft je nach Schwerpunktsetzung, Thema und Sprachniveau der Schüler Schwerpunkte setzen. Vor allem in der Sekundarstufe I sollte die adäquate Vermittlung der Inhalte gegenüber der sprachlichen Komplexität und Korrektheit im Vordergrund stehen (Philipp/Rauch 2010: 6).

Inhalt	▶ vollständige/korrekte Wiedergabe der relevanten Informationen ▶ kontextangemessene Strukturierung, ggf. Kürzung der gegebenen Informationen ▶ Berücksichtigung der Rollenvorgaben / der Kommunikationssituation ▶ Einhaltung von Textsorte, Textlänge, Perspektive, Stilebene ▶ kreative Ausgestaltung der Rolle
Strategie	▶ Flüssigkeit, Beitrag zur Fortsetzung bzw. zum Ergebnis der Interaktion ▶ Eingehen auf die Interaktionspartner ▶ Umgang mit Verstehens-/Verständnisschwierigkeiten
Sprache	▶ Komplexität und Umfang von Wortschatz und sprachlichen Strukturen ▶ sprachliche Korrektheit (Grammatik, Wortschatz, Aussprache, Intonation) ▶ Artikulation, Sprechtempo, Lautstärke

Tipp: Bei der Bewertung mündlicher Sprachmittlung ist zu berücksichtigen, dass auch in vergleichbaren realen Sprachmittlungssituationen eine individuelle Auswahl und Gewichtung der Aspekte erfolgt. Deshalb gibt es meist mehr als eine korrekte Lösung.

Wie bei Rollenspielen (vgl. Kap. 3.4) eignen sich je nach Präsentationsform und Schwerpunktsetzung der Sprachmittlungsaufgabe verschiedene Verfahren der Ergebnissicherung und Rückmeldung. Zudem hat es sich als Vorbereitung auf zukünftige Sprachmittlungssituationen bewährt, einige typische Fehlerquellen und Problemfelder und entsprechende Präventionsmaßnahmen explizit zu thematisieren:

Problemfelder	Maßnahmen
Unbekannte Wörter	▶ themenspezifisches Vokabular wiederholen/aktivieren ▶ Techniken zur Erschließung und Umschreibung unbekannter Wörter / Umgang mit Wörterbüchern trainieren
Germanismen, falsche Freunde	▶ Liste mit häufigen Germanismen (für die gesamte Lerngruppe und/oder individuell) erstellen und regelmäßig aktualisieren

Problemfelder	Maßnahmen
Grammatik, z. B. indirekte Rede	▶ Regeln zur Bildung wiederholen, Formen explizit einüben
Monotoner Satzbau (z. B. „Er sagt, dass ...")	▶ Verben zur Einleitung der indirekten Rede, Vokabular des Zustimmens, Ablehnens, Verweisens, Vermittelns, Konnektoren wiederholen und einüben ▶ Heraushören/Wiedergeben von Emotionen üben (vgl. Kap. 4.1)
Reine Übersetzung statt Sprachmittlung	▶ Besonderheiten der Sprachmittlung im Vergleich zur Übersetzung erarbeiten/wiederholen ▶ Techniken des Zusammenfassens/Paraphrasierens einüben

Tipp: Werden Sprachmittlungsaufgaben in Form von Rollenspielen vorgespielt, können die Zuschauer auf der Grundlage vorbereiteter Kriterienbögen Rückmeldungen geben (vgl. S. 72 f.). Vor allem bei mehr als drei Interaktionspartnern ist es sinnvoll, wenn sich die Beobachter arbeitsteilig je auf einen Interaktionspartner konzentrieren.

3.7 Checkliste: Kommunikationssituationen

Die Kommunikationssituation erreicht **Authentizität** in Bezug auf:
- ☐ Teilnehmer,
- ☐ Ort und Zeit,
- ☐ Ziel bzw. Kommunikationsabsicht.

Die Kommunikationssituation weist **Lebensweltbezug** auf durch eine Orientierung am:
- ☐ aktuellen Alltag der Schüler,
- ☐ zukünftigen Alltag der Schüler,
- ☐ möglichen Alltag bei Aufenthalten in einem Zielsprachenland.

Die Kommunikationssituation trägt zur **Aktivierung** aller Schüler bei durch die Nutzung von:
- ☐ realen Mitteilungs- und Interaktionsbedürfnissen der Schüler,
- ☐ Informationslücken/Informationsgefällen zwischen den Schülern,
- ☐ Beteiligung der Schüler an der Auswahl und konkreten Ausgestaltung der Kommunikationssituationen.

Für die Schüler besteht **Transparenz** in Hinblick auf:
- ☐ die Rolle der Kommunikationsübung innerhalb der Lernaufgabe/Unterrichtsreihe,
- ☐ Zielsetzung und Kompetenzerwartungen,
- ☐ Umfang und Komplexität der Kommunikationsaufgabe.

4 Unterstützende Maßnahmen bereitstellen

Die letzten Kapitel haben gezeigt, dass die für erfolgreiche mündliche Kommunikation benötigten Kompetenzen und Strategien immer wieder gezielt gefördert werden müssen. Die nächsten Abschnitte zeigen Methoden und Übungen, diese Kompetenzen und Strategien systematisch zu trainieren und dadurch die mündliche Kommunikationskompetenz zu verbessern. Dabei geht es um Hörverstehens- und Aussprachekompetenzen sowie um Kommunikationsstrategien und den fremdsprachlichen Klassenraumdiskurs. Die letzten Abschnitte des Kapitels beschäftigen sich mit der Frage, wie die Schüler vor und während konkreter mündlicher Kommunikationsaufgaben unterstützt werden können. Insbesondere geht es darum, vorhandene mündliche Kommunikationsaufgaben und -situationen an das Niveau der Lerngruppe bzw. an das der einzelnen Schüler anzupassen.

4.1 (Zu-)Hören

In diesem Kapitel geht es darum, wie das (Zu-)Hören als notwendige Voraussetzung für das Eingehen auf das bisher Gesagte gezielt gefördert und dadurch eine erfolgreiche Teilnahme an mündlichen Kommunikationssituationen ermöglicht werden kann.

Eine große Herausforderung mündlicher Kommunikation besteht darin, sich in seinen Äußerungen auf das Gegenüber und dessen Gesprächsbeiträge zu beziehen. Dafür muss man diese zunächst einmal verstehen und die Informationen verarbeiten – kurz gesagt, man benötigt Hörverstehenskompetenz. Diese ist auch deshalb wichtig, weil ein Großteil der Zeit, die wir mit Kommunikation verbringen, auf das Hören entfällt (Feyten 1991):

Hören: 45 %	Sprechen: 30 %	Lesen: 16 %	Schreiben: 9 %

Der GeR (Europarat 2001: 71) unterteilt den Bereich „Hören" in die Teilkompetenzen:
▶ Hörverstehen allgemein,
▶ Gespräche zwischen Muttersprachlern verstehen,
▶ als Zuschauer/Zuhörer im Publikum verstehen,
▶ Ankündigungen, Durchsagen und Anweisungen verstehen,
▶ Radiosendungen und Tonaufnahmen verstehen.

Aus psycholinguistischer Sicht ist Hören ein komplexer Prozess, der in mehreren, sich überschneidenden Phasen abläuft (Solmecke 1993).

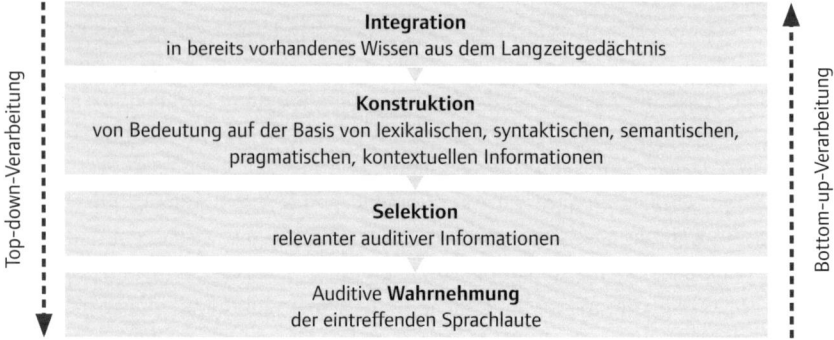

Dementsprechend erfordert erfolgreiches Hörverstehen in der Fremdsprache die folgenden Fähigkeiten (Haß 2006: 76):
- Konzentrationsfähigkeit,
- themen-, textsorten- und kulturspezifisches Welt- und Kontextwissen,
- Vorstellungskraft, um sich in die Gesprächssituation hineinzuversetzen,
- sprachliche Fähigkeiten: Erkennen, Ordnen und Bedeutungszuweisung von Lauten, Wörtern, Phrasen und Sätzen,
- Kenntnis der Merkmale gesprochener Sprache (z. B. Ellipse, Assimilation, Reduktion, zusammengezogene Formen),
- Kenntnis dia-, sozio-, idiolektaler Variationen und verschiedener sprachlicher Register,
- Vertrautheit mit prosodischen und parasprachlichen Phänomenen der Zielsprache (Intonation, Rhythmus, Stimmhöhe, Pausen, Sprechgeschwindigkeit, Lautstärke),
- Umgang mit Verständnisproblemen,
- pragmatisches und soziokulturelles Wissen, um implizit mitgeteilte Informationen (z. B. Emotionen, Ironie, Aufforderungen) verstehen zu können,
- Auswahl der für den Hörer und die Hörsituation relevanten Aspekte.

Die nächsten Abschnitte konzentrieren sich auf die Frage, wie die Schüler auf die besonderen Höranforderungen in mündlichen Kommunikationssituationen vorbereitet werden können. Dafür werden konkrete Möglichkeiten vorgestellt, um sowohl das allgemeine Hörverstehen als auch das aktive Zuhören zu trainieren.

Allgemeines Hörverstehen

Zur Schulung des allgemeinen Hörverstehens brauchen die Schüler die Gelegenheit, in abwechslungsreichen, möglichst authentischen Kontexten zu üben und verschiedene Hörverstehensstrategien anhand unterschiedlicher Aufgabenstellungen gezielt zu trainieren. Solche Hörverstehensstrategien sind z. B.:
- Vorwissen aktivieren und das Gehörte damit abgleichen,
- gezielt auf spezifische Informationen hören,
- die Struktur des Textes anhand von bestimmten Redemitteln (z. B. Konnektoren, Orts-/Zeitbestimmungen, Schlüsselwörter) erfassen,
- mit eventuellen Verständnisschwierigkeiten umgehen.

Tipp: Hörübungen bieten zudem qualitativ und quantitativ wertvollen authentischen Sprachinput und unterstützen somit auch die Entwicklung weiterer sprachlicher Kompetenzen.

Das Hörmaterial sollte authentisch, abwechslungsreich und repräsentativ sowie schülermotivierend und altersgerecht sein. Dabei sind die folgenden Textsorten besonders geeignet:
- öffentliche Durchsagen (Informationen, Hinweise, Warnungen etc.),
- Unterhaltungsmedien (Radio, Tonaufzeichnungen, Hörbucher/-spiele),
- Vorführungen (Theater, Vorlesungen, Unterhaltungsshows),
- Zuhören bei Konversationen anderer.

Der Schwierigkeitsgrad eines Hörtextes wird bestimmt durch:

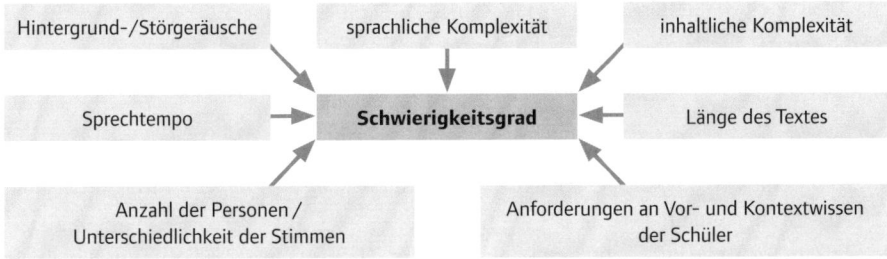

Um die Schüler auf die Höraufgaben vorzubereiten und eine Top-down-Verarbeitung zu ermöglichen, sollten die Höraufträge Informationen darüber enthalten (Europarat 2001: 74),
- was die Schüler hören werden (Textsorte, Sprecher, Kontext etc.),
- mit welchen Absichten sie dem Input zuhören werden,
- auf welche Art und Weise sie zuhören werden.

Um den gesamten Hörprozess zu strukturieren, haben sich vor, während und nach dem Hören verschiedene Aufgabentypen bewährt:

Vor dem Hören	Während des Hörens	Nach dem Hören
▶ Aktivierung von Vorwissen, z. B. durch Brainstorming, Cluster, Mindmapping, mündlichen Austausch ▶ Bildung von Hypothesen über den Inhalt (z. B. anhand von Bildern, Texten, Geräuschkulissen, Stimmen/Stimmungen) ▶ situative Eingrenzung des Hörtextes (z. B. Personen, Ort, Zeit, grobe Handlung, Hintergrundinformationen) ▶ Einführung von im Hörtext vorkommenden neuen Vokabeln/Strukturen ▶ Vorbereitung auf mögliche Besonderheiten des Hörtextes (z. B. Dialekte, Hintergrundgeräusche) ▶ Transparenz über Art und Zielsetzung der Hörverstehensübung herstellen ▶ Höraufgaben besprechen, Fragen klären, dabei genug Zeit geben!	▶ Globalverstehen, z. B. Notizen erstellen anhand der W-Fragen, Bilder in die richtige Reihenfolge bringen ▶ Hypothesen mit tatsächlichem Inhalt vergleichen ▶ selektives Hören bzw. detailliertes Hören, z. B. Multiple-Choice-Fragen, Richtig-falsch-Aussagen, Lückentexte, Zuordnungsübungen, Notizen zu einzelnen Aspekten machen, vorbereitete Raster/Tabellen/Grafiken vervollständigen ▶ diskriminierendes Hören, z. B. bestimmte Laute, Wortfamilien, Wortarten, Signalwörter, Fragen, Tempora, Zahlen heraushören	▶ Überprüfen und Vergleichen der Höraufgaben (bei schwierigen Hörtexten und ungeübten Lernern kann für der Ergebnissicherung im Plenum eine kurze Murmelphase in Partnerarbeit erfolgen) ▶ Hypothesen mit tatsächlichem Inhalt vergleichen ▶ Zusammentragen von Informationen ▶ kreative Weiterverarbeitung des Hörtextes, z. B. in Form von Bildern, Postern, Geschichten, Gedichten ▶ Vergleich des Hörtextes mit anderen Texten ▶ über Inhalte des Hörtextes diskutieren ▶ Sprache und/oder Inhalt des Hörtextes analysieren

Die folgenden Maßnahmen sind geeignet, die Schüler insbesondere in der Phase während des Hörens zu motivieren und zu aktivieren:

▶ **Erfolgsorientierte (statt defizitorientierte) Aufgaben:** „Was habt ihr schon verstanden?" statt „Was habt ihr nicht verstanden?".

▶ **Arbeitsteilige Lernarrangements:** Die Schüler bearbeiten verschiedene Aufgaben bzw. Aspekte/Charaktere/sprachliche Merkmale des Hörtextes und tragen diese im Anschluss zusammen.

▶ **Fokussierung:** Um möglichst wenig vom Zuhören abzulenken, sollten Aufgaben vermieden werden, bei denen die Schüler viel notieren oder sich viele Informationen über einen längeren Zeitraum merken müssen.

▶ **Wiederholung:** Auch wenn Hörtexte im wirklichen Leben meist flüchtig und damit nicht wiederholbar sind, empfiehlt es sich zu Motivations- und Übungszwecken, einen Hörtext bis zu dreimal zu wiederholen. Dabei ist eine Staffelung der Arbeitsaufträge vom Grob- zum Detailverstehen sinnvoll. Außerdem sollten für leistungsstärkere Schüler zusätzliche optionale Aufgaben zur Verfügung stehen, damit sie sich bei der mehrmaligen Wiederholung des Hörtextes nicht langweilen.

Aktives Zuhören

Aktives Zuhören ist eine auf Carl R. Rogers (1985) zurückgehende Technik zur nichtdirektiven Beratung, die sich in ihrer Alltagsvariante für alle Arten von Gesprächen eignet. Bei dieser Technik versucht der Zuhörer durch ein Hineinversetzen in den Sprecher herauszufinden, worum es diesem wirklich geht. Dabei kommen die folgenden Techniken zum Einsatz:
- paraphrasieren: die Aussage mit eigenen Worten wiederholen,
- verbalisieren: Gefühle des Gegenübers heraushören und spiegeln,
- nachfragen / Unklarheiten auflösen,
- zusammenfassen,
- abwägen / Zusammenhänge herstellen, z. B. durch Vergleiche mit anderen Situationen.

Damit die Schüler diese Techniken in der Fremdsprache erfolgreich anwenden können, ist es wichtig, dass sie sich zunächst die Relevanz des aktiven Zuhörens bewusst machen. Dafür eignen sich die Reflektion eigener Erfahrungen oder die Beobachtung bei anderen anhand von Beispielen. In Film und Literatur gibt es viele Situationen, in denen Kommunikation nicht gelingt oder ad absurdum geführt wird, weil kein oder unzureichendes aktives Zuhören praktiziert wird.

Geübt wird das aktive Zuhören idealerweise in jeder mündlichen Interaktion. Da es sich jedoch um eine komplexe Anforderung handelt, die vielen Schülern selbst in ihrer Muttersprache schwerfällt, ist es sinnvoll, auch Übungen anzubieten, die das aktive Zuhören explizit und weitestgehend isoliert einüben.

„Stille Post" (→ paraphrasieren)	Die Schüler sitzen im Kreis. Ein Schüler flüstert dem Nachbarn eine Aussage zu, die dieser paraphrasiert seinem Nachbarn zuflüstert. Dies wird so lange wiederholt, bis die Aussage wieder bei der Ursprungsperson zurück ist. Dann wird überprüft, ob sie korrekt paraphrasiert wurde. Tipp: Vor allem bei großen Lerngruppen und mit jüngeren Schülern nicht im Plenum, sondern in Gruppenarbeit durchführen, da sonst schnell Langeweile aufkommt!
„Einer bleibt, die anderen gehen" (→ zusammenfassen, paraphrasieren)	(1) Die Schüler erarbeiten in Partner- oder Kleingruppenarbeit ein Poster / eine Präsentation zu einem vorgegebenen Thema. (2) Jeweils ein Gruppenmitglied bleibt am Platz, die anderen informieren sich bei anderen Gruppen über deren Ergebnis. (3) Die zurückgekehrten Gruppenmitglieder berichten, was sie erfahren haben.
„Er ist traurig, weil ..." (→ Gefühle benennen)	Die Schüler erhalten Zitate oder Bilder, z. B. aus einem Text/Film/ Roman/ Comic und haben die Aufgabe, zu benennen, wie die jeweilige Person sich gerade fühlt und warum.

„Ich verstehe" (→ Gefühle heraushören)	Die Hälfte der Lerngruppe erhält eine Aussage, die ein Gefühl ausdrückt, z. B. „Meine Englischlehrerin ist toll!". Die Schüler suchen sich nun im Omniumkontakt einen Partner und tragen ihre Aussage möglichst emotional vor. Der Partner hat die Aufgabe, die Aussage so zu paraphrasieren, dass das Gefühl deutlich wird („Ich verstehe. Du bist froh, dass du so eine tolle Englischlehrerin hast.").	
Aktionskärtchen (→ im Gespräch aktiv zuhören)	Die Schüler führen eine Unterhaltung/Diskussion. Dabei hat jeder die Aufgabe, möglichst viele Aussagen von seinen Aktionskärtchen unterzubringen, z. B.:	
	„Glaubst du wirklich, dass …?"	„Ach, du hast doch gerade gesagt, dass …"	„Ich verstehe. Du meinst also, dass …"

4.2 Aussprache

Dieses Kapitel zeigt motivierende Methoden und Aufgaben, um die Aussprache gezielt zu trainieren und so das Selbstbewusstsein und die Sprechbereitschaft der Schüler zu erhöhen.

Viele Schüler haben Hemmungen, sich an mündlichen Kommunikationsaufgaben im Fremdsprachenunterricht zu beteiligen, weil sie unsicher sind in Bezug auf ihre Aussprache. Zudem können im Bereich der Aussprache bereits kleine Fehler die Kommunikation erheblich erschweren. Dabei stellen vor allem die folgenden Aspekte die Fremdsprachenlerner vor Herausforderungen:

▶ Aussprache einzelner Laute,
▶ Kombination mehrerer Laute,
▶ Verbindung mehrerer Wörter zu Phrasen und Sätzen,
▶ Intonation und Prosodie,
▶ Zusammenhang zwischen Laut- und Schriftbild.

Diese Aspekte erfordern im kommunikativen Fremdsprachenunterricht besondere Aufmerksamkeit und ein gezieltes Training. Dabei sind vor allem die Bereiche zu berücksichtigen, die vom Deutschen und anderen bereits bekannten Sprachen abweichen und deshalb vielen Schülern besonders schwerfallen:

Fremdsprache	Mögliche Aussprachschwierigkeiten
Englisch	[ð]; [w]; Intonation bei Ja-nein-Fragen und *question tags*; Wegfallen der Auslautverhärtung
Französisch	Nasallaute; Liaison; Wegfallen der Auslautverhärtung
Spanisch	[ð]; „Zungenspitzen-[r]"
Italienisch	„Zungenspitzen-[r]"; stimmhaftes [b]/[d]; stimmloses [p]/[t]; Aussprache der Buchstaben c/g/s abhängig vom Folgevokal

Fremdsprache	Mögliche Aussprachschwierigkeiten
Russisch	„Zungenspitzen-[r]"; palatale vs. nicht-palatale Konsonanten; Aussprache der Laute abhängig von ihrer Position im Wort

Die nächsten Abschnitte stellen bewährte Methoden und Maßnahmen zur gezielten Ausspracheschulung vor. Dabei wird unterschieden zwischen dem Aussprachetraining durch authentischen Input, Nachahmung, geschlossene und freie Übungsformate.

Wie für alle Aspekte des kommunikativen Fremdsprachenunterrichts gilt auch für das Aussprachetraining, dass Übungen in kommunikative thematische Kontexte eingebunden sein sollten. Zudem ist zu berücksichtigen, dass grundsätzlich der kommunikative Erfolg gegenüber der sprachlichen Korrektheit im Vordergrund steht (vgl. S. 31 f.).

Aussprachetraining durch Hören

Fremdsprachenlerner benötigen viel sprachlichen Input in für sie bedeutsamen Kontexten, um sich neue Wörter und sprachliche Strukturen anzueignen (Ellis 2002; Swain 1985). Dies gilt insbesondere auch für die Aussprache, die man sich nur schwer auf der Grundlage geschriebener Dokumente aneignen kann. Für die – implizite oder explizite – Schulung der Aussprache eignen sich die folgenden Quellen:

- **Lehrersprache** (vgl. Kap. 4.4) ist aufgrund ihrer hohen Frequenz eine wichtige Quelle sprachlichen Inputs, an der sich die Schüler orientieren. Auch Korrekturen bzw. die Möglichkeit zur Selbstkorrektur spielen eine bedeutende Rolle (vgl. Kap 2.3).
- **Ton- und Videoaufnahmen** (vgl. Kap. 4.1) bieten die Gelegenheit für authentischen Input, auch in Hinblick auf verschiedene Aussprachevarietäten innerhalb der Zielsprache.
- **Lieder** sprechen viele Schüler an, weil sie einen emotionalen Zugang zu relevanten Themen schaffen. Durch ihre hohe Einprägsamkeit können die Schüler gut auf die enthaltenen sprachlichen Strukturen zurückgreifen. Allerdings ist zu beachten, dass sprachliche Strukturen und Aussprache nicht immer der unterrichteten Norm entsprechen.
- **Muttersprachler:** Begegnungssituationen mit Muttersprachlern bieten eine besondere Qualität sprachlichen Inputs für die Schüler, weil sie hier nicht in der reinen Rezipientenrolle sind, sondern auch eine direkte Interaktion stattfinden kann. Kontakte zu Muttersprachlern entstehen u. a. durch:
  - ▷ Schüleraustausch/Drittortbegegnung,
  - ▷ Einladen von Muttersprachlern in den Unterricht, evtl. auch Experten zu dem jeweiligen Unterrichtsthema,
  - ▷ Besuch von Theateraufführungen, Autorenlesungen etc.

Tipp: Eine gute Möglichkeit zum Lernen der korrekten Aussprache neuer oder schwieriger Wörter sind digitale Wörterbücher oder Aussprachesticks, mit denen die Schüler auch selbstständig arbeiten können.

Neben allgemeinen Hörübungen bieten sich zur gezielten Förderung der Aussprache auch Übungen zum diskriminierenden Hören und zur Lauterkennung an, da sie die Sensibilität und das Bewusstsein der Schüler für Lautmuster der Fremdsprache schulen:
- **Ankreuzen:** Von vorgegebenen Wörtern/Lauten/Minimalpaaren (d. h. Wörtern, bei denen ein unterschiedlicher Laut einen Bedeutungsunterschied ausmacht) kreuzen die Schüler diejenigen an, die sie gehört haben.
- **Zuordnen:** Aus einer Liste finden die Schüler die Wörter heraus, die einen Laut gemeinsam haben.
- **Diktat:** Die Schüler schreiben die Wörter auf, die sie hören. Besonders bewährt haben sich Partnerdiktate mit anschließender Korrektur, weil die Schüler hierbei sehen, wie Ungenauigkeiten bei der Aussprache zu Fehlern und Missverständnissen führen können.
- **Reagieren:** Immer, wenn die Schüler im Text einen vorgegebenen Laut / ein vorgegebenes Wort hören, müssen sie darauf reagieren, z. B. durch Handheben, Aufstehen, Klatschen o. Ä.
- **Bewusstmachen:** Der Einsatz vielfältiger Materialien bietet die Möglichkeit, Unterschiede zwischen den Sprachen sowie zwischen verschiedenen Aussprachnormen und -varietäten zu reflektieren.

Aussprachetraining durch Chorsprechen und Singen

Chorsprechen und Singen eignen sich vor allem für zurückhaltende und unsichere Schüler, weil sie sich in der Gruppe ausprobieren können und von ihr mitgezogen werden. Gerade bei eingängigen Texten wie Zungenbrechern, Reimen und Liedern schafft das gemeinsame Vortragen ein Gruppenerlebnis. Besonders motivierend wirkt der Einsatz authentischer Texte, die nicht nur in Hinblick auf Aussprache, sondern auch thematisch relevant sind.

Tipp: Um sicherzustellen, dass sich alle Schüler beteiligen, kann die Lehrkraft zwischendurch auch immer wieder Schüler oder Schülergruppen zum einzelnen Chorsprechen aufrufen. Dies sollte ganz natürlich in den Fluss der Nachsprechaktivität eingebaut werden, um lange Pausen und das Bloßstellen einzelner Schüler zu vermeiden.

Die folgenden Aktivitäten eignen sich zum gemeinsamen Sprechen und Singen:
- Die gesamte Lerngruppe singt/spricht im Chor, evtl. begleitet von Musik/Tonaufnahme.

- Einzelne Schüler/Gruppen (z. B. nur Jungen bzw. Mädchen, einzelne Gruppentische/ Tischreihen, Partnertrios und -duos etc.) sprechen abwechselnd oder zeitversetzt im Kanon.
- Verschiedene Textsorten, z. B. Lieder, Raps, Gedichte, Dialoge, Theaterstücke, Sketche, werden kreativ umgestaltet bzw. kombiniert.

Tipp: Bewegungs- und Rhythmuselemente (z. B. Klatschen, Klopfen, Schnipsen, Tanzschritte) sowie Variationen in Tempo und Rhythmus machen Spaß und können Aufmerksamkeit und Konzentration erhöhen.

Aussprachetraining durch Nachsprechen und Aufsagen

Gerade bei der Aussprache ist es essenziell, dass die Schüler neue Strukturen nicht nur hören, sondern auch die Gelegenheit haben, sie systematisch einzuüben. Dafür sind die Techniken des Nachsprechens und Aufsagens besonders geeignet. Die Aufgabenschwierigkeit kann dabei Schritt für Schritt gesteigert werden:
- vom langsamen zu einem natürlichen Sprechtempo,
- von direkter Nachahmung/Wiedergabe zu freierer Produktion,
- von kurzen zu längeren Texten.

Geeignete Textsorten für das Aussprachetraining durch Nachsprechen und Aufsagen sind Gedichte, Zungenbrecher, Theaterstücke. Natürlich sollten auch hier möglichst authentische Texte zu für die Schüler relevanten Themen gewählt werden.

Tipp: Sowohl beim Nachsprechen als auch beim Aufsagen besteht die Gefahr, dass die Schüler ihren Text ausdruckslos „herunterleiern". Dem kann die Lehrkraft entgegenwirken durch:
- Bewusstmachung der Bedeutung ausdrucksvoller Sprache, z. B. anhand von (Positiv- und Negativ-)Beispielen,
- Variation von Tempo, Rhythmus und Betonung,
- theaterpädagogische Übungen zur Lockerung und zum deutlichen Sprechen, z. B. Sprechen mit Korken im Mund, Fantasiesprache, Pantomime (vgl. auch S. 70 f.).

Nachsprechen können die Schüler entweder der Lehrkraft, einem Tonträger oder auch ihren Mitschülern. Dafür eignen sich verschiedene Methoden:
- **Zeitversetztes Nachsprechen:** Um die Konzentration der Schüler zu steigern, kann es sinnvoll sein, dass die Lehrkraft das Vorgesprochene noch einmal lautlos mit den Lippen formt, bevor die Schüler nachsprechen.
- **Echomethode** (vgl. Dufeu 1992): Das Nachsprechen wird in einen Kontext eingebunden, z. B. in den Bergen: Die Lehrkraft spricht und die Schüler spielen das Echo, wobei sie auch natürlich Rhythmus, Tempo, Lautstärke etc. einhalten müssen.

▶ **Lippenlesen:** Die vorsprechende Person (Lehrkraft oder Schüler) bewegt nur die Lippen; bei Videos wird der Ton lautlos gestellt. Dadurch werden Konzentration und Bewusstsein für Gestik, Mimik und Lippenbewegungen gefördert.

Auch beim Vortragen auswendig gelernter Texte können die Schüler gezielt ihre Aussprache verbessern. Ein solches Training ist besonders effektiv, wenn folgende Bedingungen erfüllt sind:
▶ Die Schüler haben ausreichend Zeit zum Üben.
▶ Bereits während des Übens besteht Transparenz über Bedingungen des späteren Vortrags (Ort, Dauer, Zielgruppe, Kontext).
▶ Die vorgetragenen Texte sind authentisch, lebensweltnah und idealerweise von den Schülern selbst gewählt bzw. erstellt.
▶ Die Schüler erhalten Rückmeldungen auf der Grundlage bereits im Vorfeld bekannter Evaluationskriterien.

Tipp: Besonders motivierend ist die Einbettung der Vorträge in einen Kontext, z. B. einen Poetry Slam oder Rednerwettbewerb. Dabei können die Schüler entweder in Gruppen oder in Teams gegeneinander antreten.

Aussprachetraining durch (Vor-)Lesen

Neben dem Aufsagen von Texten bietet auch das laute Vorlesen den Schülern die Möglichkeit, gezielt ihre fremdsprachliche Aussprache zu verbessern. Dabei ist jedoch zu unterscheiden zwischen Aktivitäten, die das Leseverstehen zum Ziel haben, und solchen, die dem gezielten Aussprachetraining dienen. Eine Vermischung der beiden Zielsetzungen ist ungünstig, da die Schüler von den Inhalten abgelenkt werden, wenn sie sich auf die Aussprache konzentrieren, und umgekehrt. Zum Aussprachetraining durch (Vor-)Lesen haben sich deshalb die folgenden Maßnahmen bewährt:
▶ inhaltlich einfache und/oder den Schülern bereits bekannte Texte auswählen,
▶ neue Wörter und grammatische Strukturen vorentlasten,
▶ Hilfestellungen zur Aussprache geben, z. B. durch die Möglichkeit zum Hören des Textes, Anmerkungen mit Lautschrift oder die Nutzung (digitaler) Wörterbücher,
▶ Transparenz darüber schaffen, dass die Aussprache gegenüber dem Leseverstehen im Vordergrund steht.

Wie auch bei mündlicher Kommunikation ist beim Vorlesen der Einsatz simultaner Verfahren im Gegensatz zu Plenumsphasen sinnvoll, um die Sprech- und Übungszeit jedes einzelnen Schülers zu erhöhen (vgl. Kap. 2.1).

Tipp: Wenn die Schüler sich bzw. einander beim Vorlesen aufzeichnen, können sie sich im Anschluss selbst oder gegenseitig evaluieren. Die Lehrkraft hat dadurch die Möglichkeit, sich auch bei simultanen Verfahren mehrere Schülervorträge anzuschauen und den Schülern Rückmeldungen zu geben.

Für das Vorlesen geeignete simultane Verfahren sind z. B. das Mitlesen sowie das Ketten- oder Partnerlesen mit ihren jeweiligen Chancen und Problemen:

Methode	Chancen	Probleme
Mitlesen: Die Schüler hören den Text (vom Tonträger oder der Lehrkraft) und lesen parallel laut mit. → *in Gruppen oder im Plenum*	▶ Schüler fühlen sich weniger exponiert als beim Einzellesen. ▶ Schüler können bei Unsicherheiten aussetzen und sich auf das Mithören beschränken.	▶ Individuelles Lesetempo wird nicht berücksichtigt. ▶ Es gibt kaum Möglichkeit zur (Selbst-)Korrektur. ▶ Einzelne Schüler können sich „drücken".
Kettenlesen: Ein Schüler liest den Text laut vor und ruft an einem beliebigen Punkt einen Mitschüler zum Weiterlesen auf. → *in Gruppen oder im Plenum*	▶ Alle Schüler müssen konzentriert mitlesen, um ihren Einsatz nicht zu verpassen. ▶ Die Schüler bestimmen mit, wie viel sie lesen möchten.	▶ Schüler können sich durch das plötzliche Drankommen überrumpelt fühlen. ▶ Es gibt nur eine geringe Sprech-/Lesezeit für die einzelnen Schüler bei Durchführung in Großgruppen oder im Plenum.
Partnerlesen: Jeweils ein Partner liest einen Absatz/Abschnitt laut vor, der andere gibt Feedback zu Flüssigkeit, Tempo, Lautstärke etc. und hilft/korrigiert bei Ausspracheschwierigkeiten. → *zu zweit / in Kleingruppen*	▶ Die Lernerautonomie wird gefördert. ▶ Ermöglicht hohe Sprech-/Lesezeit für die einzelnen Schüler.	▶ Aussprachefehler bleiben evtl. unkorrigiert. ▶ Schüler haben kein Modell für die korrekte Aussprache zur Verfügung.

Aussprachetraining in der mündlichen Kommunikation

Vor allem bei relativ einfachen Kommunikationsaufgaben und kurzen Dialogen ist es sinnvoll, sich einmal gezielt auf die Aussprache zu konzentrieren. Um die Schüler dabei nicht zu verunsichern oder zu überfordern, sollte Transparenz darüber bestehen, auf welche Aspekte der Aussprache die Schüler besonders achten sollen:

▶ Die Schüler achten auf einen bestimmten Aspekt, z. B. den Laut [ð] im Englischen, die Nasale im Französischen oder das gerollte [r] im Spanischen/Italienischen/Russischen.

▶ Wird eine Kommunikationssituation (z. B. Begrüßung, Verabschiedung, Verkaufsgespräch) mehrmals mit verschiedenen Partnern durchgeführt, konzentrieren sich die

Schüler in jedem Durchgang auf einen Aspekt (z. B. ein schwieriges/neues Wort, einen Laut, ein Betonungsmuster).
▶ Die Schüler erhalten Aktionskarten mit Aufgaben zur Aussprache. Während der Kommunikationssituation müssen sie möglichst viele der Aktionskarten unterbringen.

Rolle die „Rs" von jetzt an besonders deutlich.	Verwende in deinem nächsten Satz das Wort „..." und achte dabei besonders auf die korrekte Aussprache.	Stelle eine Frage und versuche dabei, am Ende deutlich deine Stimme zu heben.

Tipp: Wie beim Lesen ist es auch beim Aussprachetraining in mündlichen Kommunikationsaufgaben sinnvoll, dass die Schüler sich (gegenseitig) aufzeichnen. Dadurch können sie selbst und die Lehrkraft die Aussprache später in Ruhe evaluieren.

4.3 Strategien zur mündlichen Kommunikation

In diesem Kapitel geht es darum, wie allgemeine Strategien eingeführt und eingeübt werden können, die die Schüler in einer lebhaften, authentischen mündlichen Kommunikation verwenden können.

Die moderne Psychologie versteht Strategien als kognitive Handlungspläne zum Erreichen eines gesetzten Ziels, die sowohl automatisiert ablaufen als auch bewusst gesteuert werden können (Hasselhorn/Gold 2006). Flüssigkeit und Routine im Gebrauch relevanter Strategien sind eine wichtige Voraussetzung für erfolgreiches Lernen (Hattie 2012: 77f.). Für die Ausführung kommunikativer Aktivitäten beschreibt der GeR (2001: 69) verschiedene Strategien für die Planung, Ausführung und Kontrolle sprachlicher Handlungen:

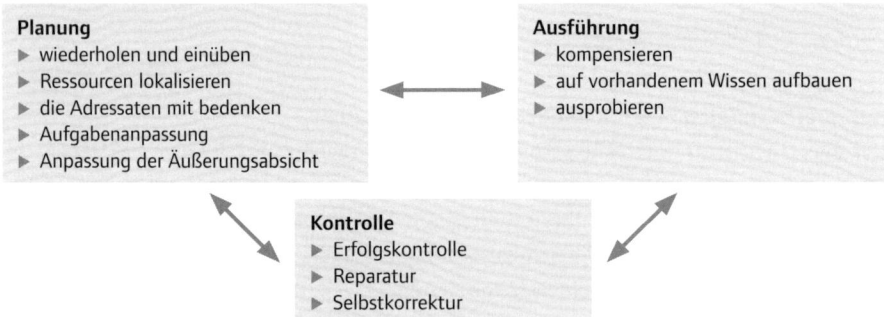

Der gezielte Einsatz von Gesprächsstrategien kann die mündliche Kommunikation auf vielfältige Art und Weise unterstützen und bereichern, indem er
▶ mündliche Kommunikation lebendig und authentisch macht,

- den Abbruch der Kommunikation oder das Zurückfallen in die Muttersprache verhindert,
- über Gesprächspausen und Unsicherheiten hinweghilft,
- den Schülern das Gefühl von Selbstwirksamkeit (vgl. Kap. 2.3) gibt,
- die Schüler auf mündliche Kommunikation in Begegnungssituationen mit Muttersprachlern vorbereitet.

Dabei sind für die Schüler insbesondere die folgenden Gesprächsstrategien relevant:

Techniken zum Umgang mit Wortschatzlücken und Formulierungsschwierigkeiten	▶ Definitionen, Synonyme/Antonyme ▶ Umschreibung anhand von Merkmalen (z. B. Größe, Farbe, Material, Funktion, Örtlichkeiten) ▶ Verwendung ähnlicher Begriffe ▶ Vereinfachung (Gebrauch über-/untergeordneter Begriffe)
Herstellen von (positiven) Beziehungen zwischen den Gesprächsteilnehmern	▶ Ausdruck von Interesse (z. B. durch Nachfragen) ▶ Ausdruck von Anteilnahme (z. B. durch Gefühlsäußerungen) ▶ Ausdruck von Zustimmung, Ablehnung, Widerspruch ▶ Einhaltung von Höflichkeitsregeln
Füll- und Verzögerungswörter	▶ Verzögerungswörter (z. B. „ähm", „also", „äh") ▶ Ausdrücke zur näheren Bestimmung des Gesagten („im Wesentlichen", „im Prinzip", „sozusagen", „eigentlich")
Beginnen, Aufrechterhalten und Beenden des Gesprächs	▶ Gesprächsregeln/Rituale gebrauchen ▶ Sprecherwechsel einleiten ▶ das Gegenüber einbeziehen ▶ das Verstehen bestätigen
Nonverbale und paralinguistische Signale	▶ Gestik, Mimik ▶ Körperhaltung ▶ Stimmlage ▶ Intonation
Logische Verknüpfung von Aussagen, Kohärenz	▶ Konnektoren ▶ verschiedene Satztypen/Aussageformen/Sprechakte
Spezifika der Zielsprache	▶ *rise-fall*-Intonation in englischen Fragen ▶ *mise en relief* im Französischen ▶ unterschiedlicher Einsatz von expressiver Gestik, Mimik und Körpersprache
Hilfen anfordern	▶ Rückfragen stellen, Verstehen überprüfen, Missverständnisse aufklären ▶ um Wiederholung/Paraphrasierung oder langsameres Sprechtempo bitten

Tipp: Um die Motivation der Schüler für die Arbeit an Gesprächsstrategien zu erhöhen, empfiehlt es sich, diese nicht defizitorientiert („Die Strategien helfen euch, wenn ihr etwas nicht ausdrücken könnt.") anzugehen, sondern positive Effekte zu thematisieren und den Fokus darauf zu legen, was die Schüler bereits (in ihrer Muttersprache) können.

Die nächsten Abschnitte betrachten konkrete Maßnahmen, mit denen Strategien zur mündlichen Kommunikation und die damit verbundenen Redemittel auf motivierende und einprägsame Art und Weise eingeführt und eingeübt werden können.

Einführung

Da die mündliche Kommunikation hohe Anforderungen an die Verarbeitungskapazität der Lerner stellt (vgl. Kap. 1), sollte vor allem am Anfang nur eine geringe Zahl an Redemitteln und Strategien auf einmal eingeführt werden. Zudem ist es sinnvoll, Gesprächsstrategien gezielt und möglichst nicht zusätzlich zu weiteren neuen Vokabeln oder grammatischen Strukturen einzuführen. Die folgenden Methoden haben sich zur Einführung neuer Strategien und Redemittel bewährt:

Methode	Vorteile (+)	Nachteile (−)
Direkte Präsentation (z. B. als Übersicht)	▶ Zeitersparnis ▶ Begrenzung und zielgerichtete Auswahl durch die Lehrkraft möglich	▶ schlechtere Einprägsamkeit durch Passivität der Lernenden ▶ oft Übersetzung in die Muttersprache nötig
Herausarbeitung aus zielsprachigem Material	▶ gute Einprägsamkeit durch Aktivierung der Schüler ▶ Begrenzung und zielgerichtete Auswahl durch die Lehrkraft möglich	▶ zeitintensiv
Eigenständige Erarbeitung auf der Grundlage von Muttersprache und anderen Fremdsprachen	▶ gute Einprägsamkeit durch Aktivierung der Schüler ▶ Anregung zur Selbstreflexion	▶ zeitintensiv ▶ Gefahr der Verzettelung

Es ist zu berücksichtigen, dass oft mehrere rezeptive Begegnungen mit einer Strategie oder sprachlichen Struktur nötig sind, bevor diese ins Langzeitgedächtnis übertragen und selbstständig angewendet werden kann (Butzkamm 2004). Wie auch bei anderen sprachlichen Mitteln ist die Einprägsamkeit am höchsten, wenn Strategien und damit verbundene Redemittel wiederholt in verschiedenen, möglichst authentischen Kontexten auftreten. Geeignete Materialien hierfür sind:
▶ Hörsehmaterialien, z. B. Filme, Serien, Videoclips,
▶ Hörmaterialien, z. B. Podcasts, Hörspiele,
▶ verschriftlichte gesprochene Texte, z. B. Comics, Theaterstücke.

Tipp: Eine hohe Bedeutung kommt auch dem Input durch die Lehrkraft zu (vgl. Kap. 4.4). Diese sollte daher während der unterrichtlichen Kommunikation in der Zielsprache möglichst auch Füllwörter, Umschreibungen sowie Mimik, Gestik und Körpersprache einsetzen, um das Gesagte authentisch zu unterstreichen.

Einübung

Während der Einübungsphase empfiehlt es sich, den Gebrauch der eingeführten Redemittel und Strategien immer wieder konsequent einzufordern und in verschiedenen Kontexten zu üben. Je nach Anzahl und Komplexität kann vor der Anwendung in mündlichen Kommunikationssituationen eine formbezogene Übungsphase erfolgen. Hierfür eignen sich vor allem schriftliche Übungen mit geschlossenen Aufgabenformaten, z. B.:

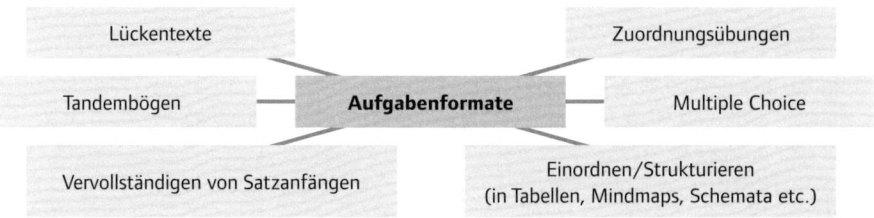

Um den Gebrauch mündlicher Strategien in offeneren Aufgabenformaten und freier mündlicher Kommunikation anzuregen, eignen sich die folgenden Verfahren:

Auswahl aus einer Liste/Übersicht
Ablauf: Die Schüler erhalten den Auftrag, im nächsten Dialog eine bestimmte Anzahl an Strategien aus einer vorgegebenen Auswahl zu verwenden.
Einsatzmöglichkeiten:
- bei relativ kurzen Übersichten
- bei kurzen Dialogen mit vielen Partnern (z. B. Omniumkontakt, Kugellager)

Tipps:
- Listen/Übersichten sollten thematisch geordnet und ansprechend gestaltet sein.
- Für immer wiederkehrende Redemittel empfiehlt es sich, Poster zu erstellen und im Raum aufzuhängen. Zur besseren Lesbarkeit und Einprägsamkeit sollten die Übersichten thematisch geordnet und möglichst ansprechend gestaltet werden.

Strategiekärtchen
Ablauf: Die Schüler erhalten eine bestimmte Anzahl an Strategiekärtchen und führen einen Dialog. Der Partner, der die meisten Kärtchen verwenden konnte, hat gewonnen.
Beispiele:

Benutze in deinem nächsten Satz ein Füllwort.	Benutze einen Ausdruck, um deinen Partner einzubeziehen.	Stelle eine Nachfrage zu dem, was dein Partner gesagt hat.

Umschreibungsspiele
Ablauf: Die Schüler erhalten Wort- oder Bildkärtchen und haben die Aufgabe, den Zielbegriff so zu umschreiben, dass der Partner ihn erraten kann. Die Übung kann als Omniumkontakt oder als Wettbewerb stattfinden, bei dem zwei Teams gegeneinander antreten.
Einsatzmöglichkeiten: Zur Einübung von Strategien zum Umgang mit Wortschatzlücken.
Variation: Statt Wort- oder Bildimpulsen erhalten die Schüler Vorgaben zu Situationen im Zielsprachenland, die sie meistern müssen, ohne ein bestimmtes Wort zu verwenden (z. B. das Handy aufladen, ohne das zielsprachige Wort für Steckdose zu kennen).

> **Tipp:** Das Training von Umschreibungs- und Nachfragestrategien bietet eine gute Gelegenheit zur Einführung oder Wiederholung von Grammatikthemen wie z. B. den Relativsätzen („Das ist eine Person, die …") oder den W-Fragen.

Pantomime
Ablauf: Die Schüler erhalten Wort- oder Bildkärtchen und haben die Aufgabe, den Zielbegriff so darzustellen, dass der Partner ihn erraten kann. Die Übung kann als Omniumkontakt oder als Wettbewerb stattfinden, bei dem zwei Teams gegeneinander antreten.
Einsatzmöglichkeiten: Zur Einübung von Gestik, Mimik, Körpersprache.

> **Tipp:** Um den Schülern die Scheu vor expressiver Betonung und Körpersprache zu nehmen, eignen sich schauspielerische Übungen, bei denen die Schüler z. B. vorgegebene Emotionen verkörpern (vgl. S. 70 f.).

Eingebaute Schwierigkeiten
Ablauf: Die Schüler bekommen den Auftrag, etwas über einen oder mehrere Mitschüler herauszufinden,
- der nur mit Ja oder Nein antworten darf,
- ohne eine direkte Frage zu stellen,
- ohne ein bestimmtes Wort zu verwenden.

Einsatzmöglichkeiten: Bewusstmachung eigener Kommunikationsstrategien, Bewusstmachung der Bedeutung von Kommunikationsstrategien.

Worthülsen
Ablauf: Eine Person spricht ein Thema an; der Gesprächspartner bedient sich lediglich leerer Worthülsen (z. B. Silben wie „lala") oder vorgegebener Sprichwörter als Reaktion.
Einsatzmöglichkeiten: Bewusstmachung eigener Kommunikationsstrategien, Bewusstmachung der Bedeutung von Kommunikationsstrategien.

Bewusstmachung
Ablauf: Die Schüler erarbeiten/erhalten Tipps für verschiedene Kommunikationssituationen/-phasen.

Einsatzmöglichkeiten: Bewusstmachung eigener Kommunikationsstrategien, Bewusstmachung der Bedeutung von Kommunikationsstrategien.

Beispiel:
Tipps für ein erfolgreiches Gespräch:
Vor dem Gespräch
- Überlege dir, wie das Gespräch verlaufen könnte:
  - Was möchtest du mitteilen?
  - Welche Redemittel brauchst du dafür?
  - Was erwartet dein Gesprächspartner von dir?
  - Welche Schwierigkeiten könnten auftreten?

Während des Gesprächs:
- Konzentriere dich und bleibe entspannt:
  - Es ist wichtiger, dass dein Gesprächspartner dich versteht, als dass das, was du sagst, hundertprozentig korrekt ist.
  - Wenn dir Wörter nicht einfallen, versuche, sie mit eigenen Worten zu umschreiben.
  - Achte auf die Reaktion deines Gesprächspartners. Wiederhole das Gesagte, evtl. mit anderen Worten, wenn du merkst, dass sie/er dich nicht versteht.
  - Gehe auf das ein, was dein Gesprächspartner sagt. Wenn du etwas nicht verstanden hast, frage nach.
  - Wenn du etwas Zeit zum Nachdenken brauchst, benutze Pausenfüller (z. B. „also", „na ja", „weißt du").
  - Sprich deutlich und ausdrucksvoll. Vergiss nicht, Mimik, Gestik etc. zu benutzen.

Beobachtungsbögen
Ablauf: Während einer mündlichen Kommunikationsaufgabe dokumentiert der Sprecher selbst oder ein Beobachter, wie häufig bestimmte Strategien verwendet wurden.
Einsatzmöglichkeiten: Einüben verschiedener Redemittel und Gesprächsstrategien. Bewusstmachung des eigenen Strategiegebrauchs.
Beispiel:

Strategie	Wie oft benutzt?
Interesse zeigen:	
Echt? / Wirklich? / Im Ernst?	
Sag bloß!	
Den anderen einbeziehen:	
…, nicht wahr / oder?	
…, weißt du / verstehst du?	

Strategie	Wie oft benutzt?
Verzögern:	
eigentlich/sozusagen/quasi	
ähm/also	
Nachfragen:	
Wie bitte? / Was hast du gesagt?	
Wer ...?/Was ...?/Wie ...?/Wo ...?/Wann ...?/Warum ...?	
Sonstige:	

4.4 Klassenraumdiskurs

Dieses Kapitel beschäftigt sich mit Möglichkeiten und Maßnahmen, um den alltäglichen Unterrichtsdiskurs als authentischen, motivierenden Kommunikationsanlass in der Zielsprache zu nutzen.

Unter Klassenraumdiskurs versteht man alle sprachlichen Äußerungen, die unabhängig von Thema oder Aufgabenstellung immer wiederkehren, z. B. zur sprachlichen Umsetzung von

- ▶ Ritualen: z. B. Begrüßung, Verabschiedung,
- ▶ allgemeinen organisatorischen Aspekten: z. B. Klärung von Tafeldienst, Sitzordnung, Öffnen/Schließen der Fenster,
- ▶ unterrichtsbezogenen organisatorischen Aspekten: z. B. Partnerfindung, Verfügbarkeit von Arbeitsmaterial,
- ▶ Moderation von Unterrichtsphasen,
- ▶ allgemeinen Situationen: z. B. zum Ausdrücken von Zustimmung, Ablehnung, Klärung von Verständnisschwierigkeiten.

Finden diesbezügliche Diskurse in der Zielsprache statt, entstehen automatisch vielfältige und motivierende mündliche Kommunikationsanlässe. Zudem wird der sprachliche Input deutlich erweitert, was für den Lernerfolg eine wichtige Rolle spielt (Ellis 2002). Die tatsächliche Umsetzung des gesamten Klassenraumdiskurses in der Zielsprache ab dem Anfangsunterricht ist allerdings in der Praxis nicht immer möglich. In der fachdidaktischen Diskussion wurde deshalb die Forderung nach einer „aufgeklärten Einsprachigkeit" (Butzkamm 1978) durch das Konzept der „funktionalen Fremdsprachigkeit" (Butzkamm 2004) ersetzt. Der reflektierte Gebrauch der Muttersprache kann demnach gelegentlich und in begrenzten Situationen sinnvoll sein, wenn

- die Schüler zu stark entmutigt würden, weil sie die Kommunikationsabsicht sprachlich nicht umsetzen können,
- der Aufwand für die Verwendung der Fremdsprache zu hoch im Verhältnis zum Ertrag ist,
- in der Fremdsprache Missverständnisse entstehen könnten, die sich bei den Schülern einprägen und nur schwer wieder aufzulösen sind.

Tipp: Soll eine Unterrichtsphase auf Deutsch stattfinden, sollte die Lehrkraft dies gegenüber den Schülern klar kommunizieren. Statt problemorientierter Formulierungen wie „Das ist in der Fremdsprache zu schwierig." wirken Begründungen wie „Dafür müssen wir noch das nötige Vokabular in der Fremdsprache lernen." ermutigender.

Zudem ist das sogenannte *code-switching*, also der kurzfristige Wechsel zwischen verschiedenen Sprachen, ein selbstverständlicher Teil der Kommunikation in mehrsprachigen Gesellschaften oder Gruppen (Cook 2009). Auf diese Realität kann der Fremdsprachenunterricht die Schüler vorbereiten, indem Wechsel zwischen verschiedenen Sprachen auch innerhalb von Sätzen oder Äußerungen natürlicher Bestandteil des Klassenraumdiskurses sind.

Grundsätzlich sollten die Schüler natürlich die Gelegenheit haben, so viel wie möglich in der Fremdsprache zu kommunizieren. Dafür können sie bereits im Anfangsunterricht an den Klassenraumdiskurs in der Zielsprache herangeführt werden. Erfahrungsgemäß haben gerade jüngere Schüler großen Spaß an Ritualen und Alltagsdialogen in der Fremdsprache. Bei älteren Schülern dagegen kann es trotz des höheren Sprachniveaus schwierig sein, Sprachhandlungen in der Fremdsprache zu etablieren, die sie normalerweise mühelos und selbstverständlich in der Muttersprache ausführen.

Um den zielsprachigen Klassenraumdiskurs in einer Lerngruppe zu etablieren, kann es sinnvoll sein, sich zunächst durch eine systematische Beobachtung ein Bild davon zu verschaffen, in welchen Situationen den Schülern die Einhaltung der Zielsprache besonders schwerfällt. Dabei hat sich z. B. der folgende Fragebogen bewährt:

Situation	Zahl der Wechsel ins Deutsche (Strichliste)	Beispiele für Wechsel ins Deutsche	Mögliche Gründe
Plenumsphasen			
Unterhaltungen/Diskussionen in Partnerarbeit (PA) / Gruppenarbeit (GA)			
Gemeinsame Arbeit an einer Aufgabe (z. B. Ideen/Argumente sammeln, Poster erstellen etc.)			

Situation	Zahl der Wechsel ins Deutsche (Strichliste)	Beispiele für Wechsel ins Deutsche	Mögliche Gründe
Vorstellung von Arbeitsergebnissen in PA/GA			
Organisation des Arbeitsprozesses in PA/GA			
Nicht zum Unterricht gehörende private Unterhaltungen			
Andere:			

Damit Schüler den Klassenraumdiskurs in der Zielsprache bewältigen können, benötigen sie ein Repertoire an Redemitteln für verschiedene Sprachhandlungen (Klippel/Doff 2007: 178):

▶ Gegenstände des Klassenzimmers und des Unterrichts (Materialien, Medien etc.) in der Fremdsprache benennen,
▶ Fragen stellen zu Zielen, Verfahren, Aufgaben, Unklarheiten etc.,
▶ Arbeitsprozesse beginnen, organisieren und beenden,
▶ Anregungen und Wünsche äußern,
▶ sich angemessen beschweren und entschuldigen,
▶ Gefühle und Meinungen artikulieren,
▶ zuhören und auf Vorredner Bezug nehmen.

Um diese Redemittel und somit einen zielsprachigen Klassenraumdiskurs in allen Lerngruppen zu etablieren, kann sich die Lehrkraft aus der Lernforschung bekannte Prinzipien zunutze machen (Hüther 2002; Spitzer 2006). Die nächsten Abschnitte zeigen, wie einige dieser Prinzipien genutzt werden können:

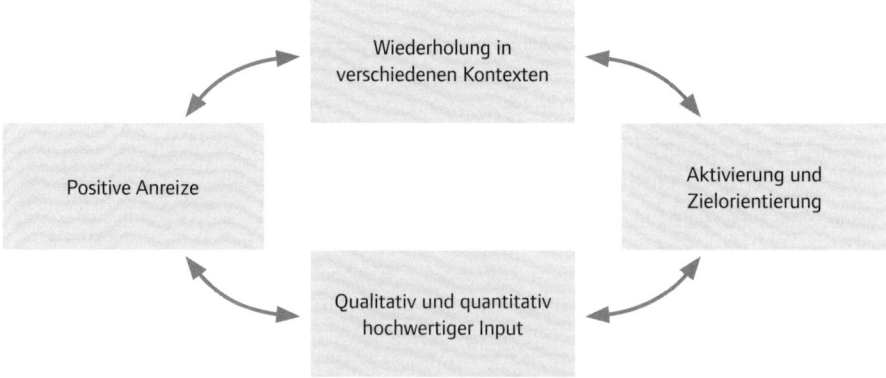

Lehrersprache als Vorbild und Input
Neben möglichst vielen Kommunikationsanlässen ist auch sprachlicher Input für die Verbesserung der mündlichen Kommunikationskompetenz wichtig. Studien haben gezeigt, dass Quantität und Qualität der Lehrersprache erheblich zum Unterrichtserfolg beitragen (Wulf 2001; Walsh 2002). Zudem motiviert es die Schüler zum Gebrauch der Zielsprache, wenn die Lehrkraft selbst als Vorbild und als sprachliches Modell fungiert, indem sie möglichst immer und von Anfang an die Zielsprache konsequent benutzt. Dies ist von Vorteil, weil die Schüler
▶ viel sprachlichen Input erhalten,
▶ aufmerksam und konzentriert zuhören müssen,
▶ auf Begegnungssituationen mit Muttersprachlern vorbereitet werden, in denen sie auch nicht alles verstehen und nicht immer um Wiederholungen, langsameres Sprechtempo etc. bitten können.

Dabei erfüllt Lehrersprache im Fremdsprachenunterricht die folgenden Funktionen (Klippel 2003):

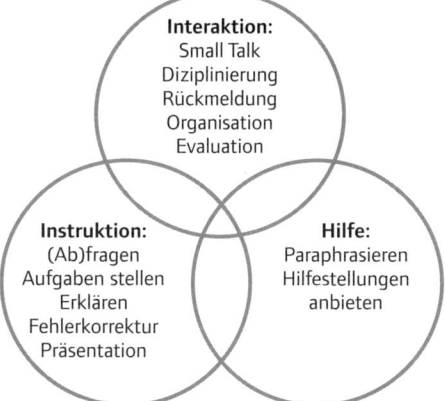

Diese Funktionen kann Lehrersprache erfüllen, wenn sie
▶ dem Sprachniveau der Schüler angepasst ist, ohne dabei zu einer unzulässig verkürzten Hilfssprache zu werden,
▶ korrekt und präzise ist,
▶ ein breites Repertoire an Redemitteln und Satzstrukturen umfasst,
▶ sich flexibel an verschiedene Kommunikationssituationen anpasst,
▶ routiniert und konsistent durch die verschiedenen Unterrichtsphasen leitet.

Um ein unbeabsichtigtes Wechseln ins Deutsche zu vermeiden, ist es für die Lehrkraft hilfreich, die Situationen zu kennen, in denen ein solcher Wechsel häufig geschieht, und entsprechende Handlungsmöglichkeiten vorzubereiten:

Situation	Handlungsmöglichkeiten
Einer oder mehrere Schüler verstehen einen Arbeitsauftrag nicht; es entsteht Unruhe.	▶ Prävention: Arbeitsauftrag visualisieren, klar und knapp formulieren, verschriftlichen ▶ Reaktion: (in der Zielsprache!) wiederholen, ggf. umformulieren
Schülerfrage: „Darf ich das kurz auf Deutsch sagen?"	▶ Lehrer tut so, als hätte er nicht verstanden. ▶ Lehrer verneint freundlich, aber bestimmt. ▶ Lehrer bietet Formulierungs- oder Vokabelhilfen an.
Besprechung organisatorischer Fragen	▶ Lehrer legt die Besprechung in eine abgetrennte Phase am Stundenende (z. B. formelle Aspekte wie Notenstandsbesprechungen). ▶ Lehrer bereitet sprachliche Hilfen und methodisches Vorgehen vor, um die Besprechung in der Zielsprache durchzuführen (z. B. Organisation von Fahrten, Klassenfesten).

Tipp: Wenn die Lehrkraft in einer unerwarteten Situation unsicher ist, ob die Schüler die Zielsprache beibehalten können, ist es günstig, diese Phase auf eine Folgestunde zu verschieben. Bis dahin kann die Lehrkraft eine reflektierte Entscheidung treffen und ggf. Material bzw. Redemittel in der Fremdsprache vorbereiten.

Aktivierung und Zielorientierung

Damit die Schüler aktiv und mit Freude an den Erwerb der Redemittel für den Klassenraumdiskurs herangehen, ist es im Sinne des Selbstwirksamkeitsprinzips (vgl. Kap. 2.3) wichtig, sie an der Umsetzung des zielsprachigen Klassenraumdiskurses zu beteiligen. Dafür sind je nach Lerngruppe verschiedene Maßnahmen geeignet:
- **Einsicht erzeugen:** gemeinsam die Relevanz des Klassenraumdiskurses in der Zielsprache und mögliche Schwierigkeiten bei der Umsetzung reflektieren.
- **Regeln** für den Sprachgebrauch im Fremdsprachenunterricht aufstellen, z. B. mithilfe eines Symbols (Kuscheltier, Flagge des Zielsprachenlandes o. Ä.): Ist das Symbol nicht aufgehängt/aufgestellt, wird Deutsch gesprochen, ansonsten wird die Zielsprache verwendet.
- Konkrete **Maßnahmen** (für Schüler und Lehrkraft!) zur Umsetzung dieser Regeln erarbeiten.
- **Konsequenzen** für das Nichteinhalten der vereinbarten Regeln vereinbaren. Diese können entweder immer gleich sein oder variieren, z. B. mithilfe einer „Deutsch-Quasselkiste". Darin befinden sich Kärtchen mit Aufgaben (z. B. einen Vortrag zu einem vorgegebenen Thema halten, einen Kuchen mitbringen, einen bestimmten Betrag in die Klassenkasse einzahlen, ein Stundenprotokoll verfassen, den Klassendienst übernehmen).

- **Visualisierung** kann den Schülern helfen, sich ihrer Wechsel ins Deutsche bewusst zu werden. Sie können entweder für einzelne Schüler oder die gesamte Lerngruppe zum Einsatz kommen:
  - Schüler, die Deutsch sprechen, bekommen eine „rote Karte".
  - Wenn ein Schüler bzw. eine Gruppe Deutsch spricht, wird ein Symbol (z. B. Flagge des Zielsprachenlandes, Figur, Kuscheltier) auf deren Tisch gestellt. Wenn ein anderer Schüler / eine andere Gruppe Deutsch spricht, wandert das Symbol weiter. Der Schüler / die Gruppe, bei dem/der das Symbol am Stundenende ist, bekommt eine Extraaufgabe (s. o.).
  - Die Lehrkraft zeichnet eine Bombe mit Zündschnur an und wischt bei jedem Gebrauch des Deutschen einen Teil der Zündschnur ab. Ist die Zündschnur komplett aufgebraucht, gibt es eine Strafe für die gesamte Lerngruppe.
  - Benutzt ein Schüler die Muttersprache, bekommt er von Sitznachbarn, anderen Gruppenmitgliedern oder der Lehrkraft einen Klebepunkt auf den Handrücken.
- Der Einsatz von Selbstevaluationsbögen, z. B. zum Ende einer Arbeitsphase, Unterrichtsstunde oder Unterrichtsreihe, kann die Schüler zum Reflektieren ihres Umgangs mit der Zielsprache bzw. mit den vereinbarten Regeln anleiten.

Ich habe die Zielsprache benutzt …	Immer ☺	Manchmal ☺	Noch nicht wirklich ☹
… für inhaltliche Beiträge.			
… für die Organisation des Gruppenprozesses.			
… zum Nachfragen, wenn ich etwas nicht verstanden habe.			
… zum Umschreiben unbekannter Wörter.			

- **Verantwortung auf die Schüler übertragen:** Bei den o. g. Verfahren zur Visualisierung kann statt der Lehrkraft auch ein Schüler oder die gesamte Lerngruppe beteiligt werden.

Bei Gruppenarbeiten kann ein Mitglied als „Sprachberater" fungieren (vgl. Kap. 2.2). Dieser sorgt für die Einhaltung der Zielsprache, konsultiert bei sprachlichen Fragen ein Wörterbuch oder die gegebenen Materialien und evaluiert am Ende der Phase den Prozess in Bezug auf sprachliche Aspekte.

Positive Anreize

Neben Input und Schüleraktivierung sind ein positives Lernklima und motivierende Rückmeldungen ebenfalls wichtige Voraussetzungen für erfolgreiches Lernen (vgl. Kap.

2.3). Diese Erkenntnis kann sich die Lehrkraft bei der Etablierung eines Klassenraumdiskurses in der Zielsprache durch die folgenden Maßnahmen zunutze machen:
- **Positive Formulierungen** wählen: Statt „Kein Deutsch!" ist eine Formulierung wie „Versuche, es auf ... zu sagen!" motivierender.
- **Unauffälligkeit:** Um den Unterrichtsverlauf nicht zu stören und unnötige Aufmerksamkeit auf den Gebrauch des Deutschen zu lenken, sind kurze verbale oder nonverbale Signale hilfreich, z. B.:
  - stumm auf das Poster mit der gemeinsam vereinbarten Regel zur Einhaltung der Zielsprache (vgl. S. 105) zeigen,
  - Hand hinter das Ohr als Zeichen, dass die Lehrkraft nicht verstanden hat,
  - in der Zielsprache nachfragen: „Was hast du gesagt?".
- **Erfolgserlebnisse ermöglichen:** Am Anfang nur wenige, einfache Redemittel einführen, einüben und einfordern und dann das Repertoire sukzessive erweitern.
- **Realistische Erwartungen:** Um bereits kleine Erfolge tatsächlich würdigen zu können, sollte sich die Lehrkraft immer wieder bewusst machen, dass der Gebrauch der Zielsprache gerade schwächere Schüler oftmals in ihrer Mitteilungsfähigkeit einschränkt oder verlangsamt. Deshalb ist bereits der Versuch der Schüler, die Zielsprache zu benutzen, positiv zu werten.
- **Belohnungen:** Die im vorigen Abschnitt erwähnten Systeme zur Bewusstmachung (Klebepunkte, Quasselkiste, Bombe o. Ä.) können für positive Anreize genutzt werden: Wenn einzelne Schüler oder die gesamte Lerngruppe in einer Stunde oder Unterrichtsphase die Zielsprache benutzt haben, gibt es eine Belohnung (z. B. ein Spiel spielen, keine Hausaufgaben, gemeinsames Frühstück).

Wiederholung

Fremdsprachenlerner tendieren dazu, auf automatisierte Strukturen und Routinen zurückzugreifen, die wenig Verarbeitungskapazität erfordern (Wolff 2000: 16). Damit solche Strukturen auch für den fremdsprachlichen Klassenraumdiskurs zur Verfügung stehen, ist häufiges Üben in verschiedenen Kontexten nötig. Um sicherzustellen, dass die Schüler den Redemitteln auch bei mehrmaliger Wiederholung noch die nötige Aufmerksamkeit widmen (vgl. Thornbury 1997), ist es wichtig, dass
- die Redemittel in motivierende, authentische Kontexte eingebunden sind,
- Transparenz über die Relevanz der Redemittel und deren regelmäßige Wiederholung besteht,
- die Redemittel in ansprechender Form, z. B. in Mindmaps oder mithilfe von Bildern, präsentiert werden,
- die Schüler in den Übungsphasen eine aktive Rolle einnehmen, z. B. durch kooperative Lernarrangements (vgl. Kap. 2.1),

- die Redemittel in den „normalen" Fremdsprachenunterricht eingebunden werden. So kann die Lehrkraft z. B. in Grammatikstunden zu Imperativen, Konjunktiven, Fragestrukturen oder Modalverben auf die entsprechenden Phrasen des Klassenraumdiskurses verweisen oder den Klassenraumdiskurs als Übungskontext für die neuen Strukturen verwenden.

Tipp: Für immer wiederkehrende Redemittel empfiehlt es sich, Poster zu erstellen und im Raum aufzuhängen. Zur besseren Lesbarkeit und Einprägsamkeit sollten die Übersichten thematisch geordnet und möglichst ansprechend gestaltet werden.

Eine Schwierigkeit des Klassenraumdiskurses im Vergleich zu anderen mündlichen Kommunikationssituationen liegt darin, dass die entsprechenden Situationen meist nicht „auf Kommando" auftreten. Schüler und Lehrkraft müssen spontan reagieren, wenn Schüler zu spät sind, die Hausaufgaben nicht gemacht oder etwas nicht verstanden haben. Solche spontanen Situationen werden vorbereitet und entlastet, indem sie vorher simuliert werden. Dies kann z. B. in Form eines Spiels im Omniumkontakt oder Kugellager erfolgen, bei dem ein Schüler einen typischen Satz mit passender Betonung vorträgt und der Partner möglichst spontan darauf reagiert. Mögliche Sätze für ein solches Spiel sind z. B.:
- „Du bist mal wieder zu spät!"
- „Wo ist denn der Schwamm schon wieder hin?"
- „Oh nein!"
- „Das verstehe ich nicht."

Eine ähnliche Übungsmöglichkeit bieten Kommunikationskärtchen mit konkreten Arbeitsaufträgen und Situationen:

Du hast im Unterricht geträumt. Frage bei deinem Nachbarn, auf welcher Seite die Übung ist.	Du wurdest zum Vortragen deiner Hausaufgaben aufgefordert und erklärst nun, dass du sie aber nur in Stichworten gemacht hast.	Du kannst ein Wort an der Tafel nicht lesen, meldest dich und fragst nach.

Sehr motivierend kann es auch sein, wenn die Schüler Sketche zu (lustigen) Situationen im Klassenraum erfinden und dabei möglichst viele Redemittel verwenden. Dafür eignen sich z. B. diese Situationen:
- Schüler kommt zu spät,
- Schüler hat die Hausaufgaben vergessen,
- verschiedene Unterrichtsstörungen (mit dem Stuhl kippeln, mit Papier rascheln, tuscheln, Lachanfall, Kaugummi kauen etc.),
- Spinne/Wespe im Klassenraum.

4.5 Anpassung an die Voraussetzungen der Lerngruppe

Dieses Kapitel behandelt Möglichkeiten und Maßnahmen, die Anforderungen mündlicher Kommunikationssituationen einzuschätzen und an das Niveau der Lerngruppe anzupassen.

Wenn Schüler trotz motivierender Anlässe und passender Rahmenbedingungen große Schwierigkeiten haben, sich an mündlichen Kommunikationssituationen zu beteiligen, kann dies auf zu hohe Anforderungen zurückzuführen sein. Mögliche Anzeichen hierfür sind, dass die Schüler während einer mündlichen Kommunikationsaufgabe

- immer wieder in die Muttersprache verfallen,
- zögernd und wenig flüssig sprechen,
- kaum Gebrauch von neuen Redemitteln und Strukturen machen,
- Redemittel und Strukturen verwenden, die unter dem aktuellen sprachlichen Niveau liegen,
- ungewohnt viele sprachliche Fehler machen,
- bei formbezogenen Übungen die zu übenden Strukturen vermeiden oder fehlerhaft verwenden,
- inhaltlich auf einem oberflächlichen Niveau bleiben.

Auch wenn die Lehrkraft in solchen Situationen verständlicherweise enttäuscht oder verärgert ist, ist es wichtig, sich daran zu erinnern, dass die Schüler nicht notwendigerweise aus Böswilligkeit, Dummheit oder Faulheit auf diese Weise agieren. Stattdessen ist auch im Bereich der mündlichen Kommunikation eine genaue Analyse der Lernvoraussetzungen (vgl. Hattie 2012: 38) entscheidend für den Lernerfolg. Zudem ist zu berücksichtigen, dass mündliche Kommunikation besondere Anforderungen an die Lerner stellt:

- Die Lerner haben wenig Zeit zum Vorformulieren, Überlegen und Korrigieren ihrer Äußerungen.
- Wenn die Lerner wirklich etwas mitteilen wollen, tritt automatisch die sprachliche Korrektheit gegenüber der Kommunikationsabsicht in den Hintergrund.
- Neben der Versprachlichung der Kommunikationsabsicht müssen weitere Anforderungen erfüllt werden, z. B. eine Reaktion auf das Gegenüber und der Einsatz von Mimik, Gestik etc. (vgl. Kap. 4.3).
- Neue Themen, Kommunikationssituationen und Gesprächspartner fordern die Verarbeitungskapazität der Lerner, sodass diese nicht für andere mentale Operationen zur Verfügung steht.

Tipp: Zur Analyse der Situation eignet sich u. U. ein Feedbackbogen mit offenen Fragestellungen zum derzeitigen Unterricht, z. B.:
- Was ist dir gut gelungen? / Was ist dir schwergefallen?
- Was möchtest du in den nächsten Stunden verbessern?
- Was kann deine Lehrerin tun, um dir dabei zu helfen?

Generell sollte das Anforderungsniveau mündlicher Kommunikationsaufgaben leicht unter dem einer vergleichbaren schriftlichen Übung liegen. Um das Anforderungsniveau den Bedürfnissen und dem Kenntnisstand der Schüler anzupassen, können bei einer Aufgabe die Komplexität und/oder die unterstützenden Maßnahmen angepasst werden. Je komplexer eine Aufgabe ist, desto mehr unterstützende Maßnahmen sind nötig und umgekehrt:

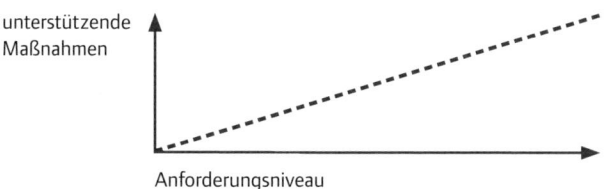

Nach diesem Prinzip können auch komplexe Aufgaben auf verschiedenen Ebenen an das Niveau der jeweiligen Lerngruppe angepasst werden:
▶ Vereinfachung auf der inhaltlichen und/oder sprachlichen Ebene,
▶ Vereinfachung in Hinblick auf Umfang oder Komplexität,
▶ Unterstützung durch Vorentlastung, schrittweises Herangehen oder die Bereitstellung sprachlicher Mittel.

Ob eher vereinfachende oder unterstützende Maßnahmen gewählt werden, hängt neben den Voraussetzungen der Lerngruppe (Niveau, Motivation, Präferenzen) vor allem von der Art und Zielsetzung der Aufgabenstellung ab. Wird eine kommunikative Aufgabe zu stark sprachlich und/oder inhaltlich reduziert, verliert sie immer an Authentizität. In solchen Fällen ist deshalb der Einsatz unterstützender Maßnahmen besser geeignet.

Tipp: Eine bewährte Maßnahme zur Anpassung des Anforderungsniveaus ist der Einsatz von Tandembögen, denn sie ermöglichen:
▶ inhaltliche Reduktion: Strukturierung des Dialoges durch Vorgaben in der Ziel- oder Muttersprache (z. B.: „A: Du fragst, wie es deinem Partner geht." – „B: Du antwortest, dass es dir gut geht.") oder durch Bilder (vgl. S. 63),
▶ sprachliche Reduktion durch gegebene Satzanfänge, Schlüsselwörter, Lückentexte etc.

Inhaltliche Anpassung

Um die inhaltlichen Anforderungen mündlicher Kommunikationsaufgaben anzupassen, kann man entweder bei der Komplexität oder beim Umfang ansetzen, wobei eine klare Trennung dieser beiden Bereiche nicht immer möglich ist.

Anpassung von Komplexität und Umfang

Eine einfache Möglichkeit zur Anpassung der Komplexität mündlicher Kommunikationsaufgaben ist die Beschränkung der Kommunikationsteilnehmer. Je weniger Schüler miteinander kommunizieren, desto geringer ist die Anzahl der verschiedenen Meinungen, Argumente und zu berücksichtigenden Aspekte. Zudem können sich die Schüler in Partner- oder Kleingruppenarbeit schnell aufeinander einstellen und Arbeitsprozesse effizient organisieren (vgl. Kap. 2.2).

Alternativ kann die inhaltliche Komplexität durch eine Eingrenzung der Aufgabenstellung angepasst werden. Die folgende Übersicht zeigt einige Beispiele für mündliche Kommunikationsanlässe (vgl. auch Kap. 3) mit geeigneten Eingrenzungsmöglichkeiten.

Kommunikationsanlass	Thema	Beispiele für Eingrenzungsmöglichkeiten
Präsentation	Lieblingssänger	Begrenzung auf Informationen über Musikrichtung und Titel wichtigster Songs
Konversation	Freizeit	Begrenzung auf die zwei häufigsten Freizeitbeschäftigungen
Rollenspiel	Einkaufen	Vorgabe, zwei Dinge in einem bestimmten Geschäft zu kaufen bzw. zu verkaufen
Diskussion	Chancen und Risiken des Internets	Konzentration auf einen Unteraspekt, z. B. soziale Netzwerke
Sprachmittlung	Restaurantbesuch im Zielsprachenland mit einem Freund, der die Zielsprache nicht beherrscht	Sprachmittlung eines Teils der Speisekarte, z. B. nur die Vorspeisen und Getränke

Der Umfang einer mündlichen Kommunikationsaufgabe kann durch zeitliche und/oder inhaltliche Vorgaben reduziert werden:

Beispiele für zeitliche Begrenzungen	Beispiele für inhaltliche Begrenzungen
▶ Vorgabe eines Zeitraumes (z. B. 1 Minute, 5 Minuten etc.) ▶ Vorgabe einer Distanz bei Gesprächen im Gehen (z. B. vom Pult bis zum Fenster)	▶ Anzahl der Aufgaben, die in der Kommunikation erfüllt werden sollen (z. B. Einkaufen von einer bestimmten Anzahl an Gegenständen, Einigung in einer bestimmten Anzahl von Streitpunkten) ▶ Anzahl der Aspekte, die während der Kommunikation besprochen werden sollen

Vorentlastung

Eine große Herausforderung mündlicher Kommunikationsaufgaben für die Schüler besteht darin, dass sie spontan und in Echtzeit ablaufen, sodass wenig Zeit zum Vorbereiten und Korrigieren der eigenen Beiträge bleibt. Deshalb ist vor allem bei komplexen Kommunikationsaufgaben eine Vorbereitung sinnvoll. Dabei können die Schüler im Vorfeld notieren, welche Redemittel, Argumente und Themen in der Kommunikationssituation vorkommen könnten. Wichtig ist, dass die Schüler dabei möglichst keine ganzen Sätze vorschreiben, sondern nur Notizen machen, um ein Ablesen während der eigentlichen Kommunikation zu vermeiden (vgl. S. 46 f.).

Schrittweises Vorgehen
Komplexe Kommunikationsaufgaben können im Unterricht meist in eine Vorbereitungs- und Übungsphase, die eigentliche Durchführung sowie eine Ergebnissicherungs-/Evaluationsphase aufgeteilt werden (vgl. Kap. 3). Durch diese Aufteilung wird der Arbeitsprozess transparenter und strukturierter und hilft den Schülern, die komplexen Anforderungen mündlicher Kommunikationsaufgaben zu meistern. Darüber hinaus kann die Durchführung oft in mehrere kürzere Arbeitsprozesse aufgeteilt werden:

Kommunikationsanlass	Beispiele für Arbeitsschritte während der Durchführung
Präsentation	Gegenseitige Präsentation in PA/GA als Vorstufe zum Plenumsvortrag
Konversation/Kooperation	Vorbereitung im Think-Pair-Share-Verfahren (vgl. Kap. 2.1)
Rollenspiel	Einfache Rollenspiele (z. B. Einkaufsdialog, bei dem ein Gegenstand erworben wird) werden sukzessive ausgeweitet (z. B. Einkaufsdialoge mit mehreren Produkten, schwierigen Entscheidungsprozessen, Preisverhandlungen, Wechselgeld).
Diskussion	Einfache Pro-Kontra-Diskussionen zu Teilaspekten, bevor das Gesamtthema in einer Podiumsdiskussion diskutiert wird
Sprachmittlung	Der Sprachmittelnde übermittelt zunächst alle Informationen des einen und erst anschließend die Reaktion des anderen Interaktionspartners.

Bei schwachen Lerngruppen oder bei Schülern im Anfangsunterricht ist eine schrittweise Progression von der reinen Reproduktion zur freieren Produktion sinnvoll. Dabei können die Schüler entweder selbst verfasste oder vorgegebene Präsentationen oder Rollenspiele zunächst auswendig lernen, einüben und vortragen. Wichtig ist, dass die Schüler dabei schrittweise zu freierer Produktion angeleitet werden. Dafür eignen sich die folgenden Maßnahmen:
- Auswahl aus vorgegebenen Möglichkeiten (z. B. positive vs. negative Antwort),
- spontane Reaktion auf unvorhergesehene Ereignisse,
- freie Teile, z. B. offenes Ende oder Lücken zur spontanen Ausgestaltung,
- Wiederholung einer Kommunikationssituation in abgewandelter Form, z. B. mit anderen Gesprächsteilnehmern, an einem anderen Ort, in einer ähnlichen Situation.

Sprachliche Hilfestellungen
Die sprachliche Anpassung mündlicher Kommunikationsaufgaben kann entweder bei der Komplexität oder der Anzahl der Redemittel ansetzen. Bei beiden Varianten muss die

Lehrkraft im Vorfeld genau einschätzen, welche Redemittel für das Gelingen der Aufgabe wirklich nötig sind. Kriterien für die Auswahl sind, ob die Redemittel
- im konkreten kommunikativen Kontext benötigt werden,
- auch für andere gängige Kontexte relevant sind,
- dem Sprachniveau der Schüler entsprechen.

Tipp: Oft erleichtert es die Auswahl, wenn die Lehrkraft die Übung bei der Unterrichtsvorbereitung einmal selbst laut durchspricht.

Sollen neue oder schwierige Redemittel im Vorfeld eingeführt werden, ist zu berücksichtigen, dass Lerner neue sprachliche Strukturen zunächst mehrmals rezeptiv in für sie relevanten Kontexten verarbeiten müssen, bevor sie diese aktiv produzieren können (vgl. Butzkamm 2004). Deshalb sollte die Lehrkraft nach der Einführung neuer Redemittel und Strukturen nicht gleich eine mündliche Anwendung verlangen, sondern zunächst formbezogene Übungen anbieten.

Tipp: Formbezogene Übungen fallen vielen Schülern in schriftlicher Form leichter, weil sie dann mehr Zeit zum Nachdenken haben.

Eine andere Möglichkeit der sprachlichen Entlastung ist, benötigte Redemittel in der Kommunikationssituation zur Verfügung zu stellen. Die Benutzung von Wörterbüchern ist hierfür nur bedingt sinnvoll, da sie die Schüler dazu verleitet, Wörter nachzuschlagen und dadurch die Interaktion zu unterbrechen. Günstiger ist es, ausgewählte Redemittel z. B. in Form von Listen, Übersichten, Mindmaps, Paradigmen oder Gesprächsgittern zur Verfügung zu stellen. Diese Möglichkeiten der Darbietung werden im Folgenden anhand von Beispielen kurz vorgestellt.

Listen/Übersichten

Beispiel:

Zustimmung ausdrücken:	Ablehnung ausdrücken:
Das stimmt!	*Nein!*
Genau! / Absolut! / Definitiv!	*Das glaube / denke / finde nicht.*
Du hast Recht!	*Auf keinen Fall!*
Das sehe ich auch / genau so!	*Das würde ich (so) nicht sagen.*

Anwendungsgebiete:	**Zu beachten:**
- platzsparende Visualisierung - für Wörter, Redewendungen und kurze Sätze	- nur sehr kurze Listen verwenden, da sie schnell unübersichtlich werden - besser inhaltliche als alphabetische Strukturierung - günstig: Untergliederung in Kategorien - auch Informationen zur grammatischen Verwendung (z. B. Geschlecht bei Nomen)

Mindmaps

Beispiel:

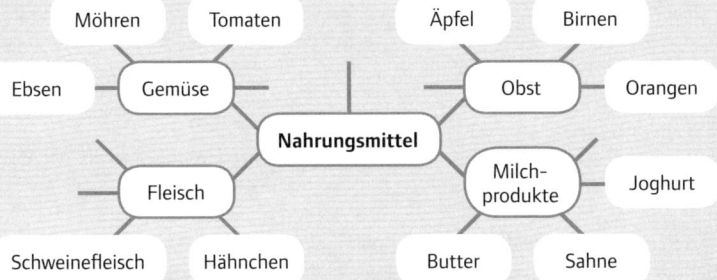

Anwendungsgebiete:
- Strukturierung von Redemitteln
- Visualisierung von Zusammenhängen und Wortfamilien

Zu beachten:
- nicht zu viele Verzweigungen, damit die Übersichtlichkeit erhalten bleibt
- auch Informationen zur grammatischen Verwendung (z. B. Geschlecht bei Nomen) integrieren

Visualisierungen

Beispiel:

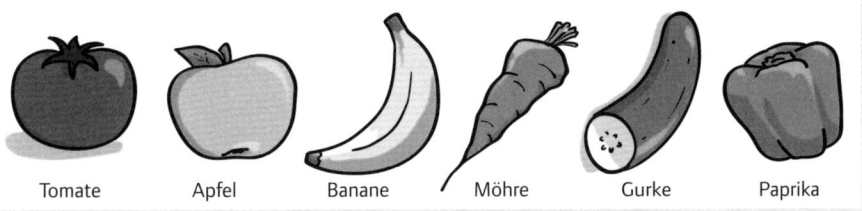

Tomate — Apfel — Banane — Möhre — Gurke — Paprika

Anwendungsgebiete:
- Visualisierung von Wörtern und Redewendungen
- sehr übersichtlich und einprägsam

Zu beachten:
- nicht bei abstrakten Themen geeignet
- evtl. aufwendig in der Erstellung

Paradigmen

Beispiel:

In meinem Zimmer		der Schreibtisch		der Wand.
In unserer Küche	ist/sind	das Regal	in, auf, an, neben,	dem Fenster.
In unserem Wohn-	steht/stehen	der Schrank	hinter, vor, hinter	dem Schrank.
zimmer		die Bücher		dem Regal.
		die Süßigkeiten		der Ablage.

Anwendungsgebiete:
- Vorstrukturierung von Sätzen
- individuelle Gestaltungsmöglichkeiten

Zu beachten:
- Zu viele Auswahlmöglichkeiten können die Schüler verwirren.

> **Gesprächsgitter**
>
> **Beispiel:**
>   A: Spielst du Fußball?
>   A: Volleyball mag ich nicht so gern.
>   Ich spiele lieber Tischtennis.
>
>   B: Nein, aber ich spiele Volleyball. Und du?
>
> **Anwendungsgebiete:**
> ▶ Vorstrukturierung von Dialogen
>
> **Zu beachten:**
> ▶ Keine ganzen Sätze vorgeben, um Ablesen zu vermeiden.

Tipp: Alle Arten von Redemitteldarbietungen sollten die Schüler auf Kollokationen und grammatische Informationen (z. B. zum Geschlecht bei Nomen oder zur Konjugation bei Verben) aufmerksam machen, um Fehlern bei der Anwendung vorzubeugen. Auch Hinweise zur Aussprache können Unsicherheiten und Fehlern vorbeugen (vgl. Kap. 4.2).

Generell sollten die Redemittel übersichtlich und ansprechend gestaltet sein. Zur Darbietung eignen sich je nach Bedarf und Situation Tafel, Handouts, Poster sowie die Projektion mit OHP, Whiteboard, Beamer oder Dokumentenkamera (zu Vor- und Nachteilen der genannten Medien vgl. S. 47).

4.6 Umgang mit individuellen Lernvoraussetzungen

In diesem Kapitel geht es darum, wie mündliche Kommunikationsaufgaben so flexibel gestaltet werden, dass alle Schüler mit ihren unterschiedlichen Voraussetzungen die Möglichkeit haben, sich zu beteiligen und zu verbessern.

„Individuelle Förderung ist die wesentliche Grundlage für schulisches Lehren und Lernen" (KMK 2010: 2). Dieser Grundsatz ist in den Schulgesetzen aller Bundesländer verankert. Außerdem ergibt sich die Forderung nach individueller Förderung aus der lernpsychologischen Erkenntnis, dass Lernen ein individueller Prozess ist, der bei verschiedenen Menschen in unterschiedlichem Tempo und auf unterschiedliche Weise erfolgt (Hüther 2002; Spitzer 2006). Auch unterrichtliche Studien belegen die Wirksamkeit differenzierter Lernangebote (Hattie 2012: 97).

Die Umsetzung individueller Förderung stellt die Lehrkräfte gerade in großen Lerngruppen vor Herausforderungen. Sie bietet aber auch die Chance, in einem abwechslungsreichen Unterricht verschiedene Fähigkeiten und Präferenzen einzubeziehen und mit- und voneinander zu lernen. Für eine erfolgreiche individuelle Förderung in der mündlichen Kommunikation im Fremdsprachenunterricht ist es wichtig, zunächst die individuellen Lernvoraussetzungen zu erfassen:

▶ Sprachenbiografie,
▶ allgemeines, linguistisches und landeskundliches Vorwissen,
▶ Aussprache-/Imitationsfähigkeit,

- sprachliche Kompetenzen,
- Merkfähigkeit (z. B. für Vokabeln, Redemittel und Strukturen),
- bevorzugte Sinne und Informationskanäle (auditiv, visuell etc.),
- Lernpräferenzen (ganzheitlich, rational etc.),
- Selbstständigkeit und Fähigkeitsselbstkonzept,
- Sozialkompetenz/Interaktionsfähigkeit.

Die mündliche Kommunikation in der Fremdsprache bietet vielfältige Möglichkeiten zum Umgang mit diesen individuellen Lernvoraussetzungen, da sie meist in Form von relativ freien und offenen Aufgabenstellungen erfolgt. Diese bieten den Schülern viel Raum, ihre unterschiedliche Präferenzen und Fähigkeiten einzubringen. Darüber hinaus ist es bei mündlichen Kommunikationsaufgaben ohne großen Aufwand möglich, binnendifferenzierte Angebote zu machen.

Im Folgenden werden verschiedene Möglichkeiten vorgestellt, um in Bezug auf Leistung, Interessen, Umfang und Tempo zu differenzieren. Bei allen genannten Differenzierungsmöglichkeiten stellt sich zunächst die Frage, ob die Lehrkraft oder die Schüler selbst darüber entscheiden, wer welches Angebot wahrnimmt. Beide Möglichkeiten bieten Vorteile, aber auch Risiken:

Auswahl durch	Vorteile
die Lehrkraft	- Schüler könnten, beeinflusst durch Mitschüler oder ein ungünstiges Fähigkeitsselbstkonzept, für sie ungünstige Schwierigkeitsniveaus wählen. - Die Lehrkraft ist gefordert, sich sehr intensiv mit den Fähigkeiten der Schüler auseinanderzusetzen. - Die Lehrkraft kann das Anforderungsniveau einer Aufgabe besser abschätzen.
die Schüler	- Die Schüler übernehmen Verantwortung für den eigenen Lernprozess. - Schüler können sich oft selbst besser einschätzen als externe Beobachter. - Eine Stigmatisierung einzelner Schüler durch die Lehrkraft wird vermieden.

Es empfiehlt sich, beide Möglichkeiten mit der Lerngruppe auszuprobieren und situationsabhängig zu entscheiden. Günstig ist auch, grundsätzlich die Schüler entscheiden zu lassen und nur einzugreifen, wenn bei einzelnen Schülern dauerhaft für sie ungünstige Entscheidungsmuster (vgl. S. 28) zu beobachten sind.

Differenzierung nach Leistung

Die Ausführungen im vorherigen Kapitel haben gezeigt, wie das Anforderungsniveau an die Erfordernisse der jeweiligen Lerngruppe angepasst werden kann. Diese Prinzipien lassen sich auch auf die unterschiedlichen Bedürfnisse innerhalb einer Lerngruppe anwenden, indem der Grad an Komplexität und/oder unterstützenden Maßnahmen variiert wird. So können für leistungsstärkere Schüler schwierigere Aufgaben und/oder weniger unterstützende Maßnahmen bereitgestellt werden. Leistungsschwächere Schüler können leichtere Aufgaben bearbeiten und/oder auf mehr unterstützende Maßnahmen zurückgreifen:

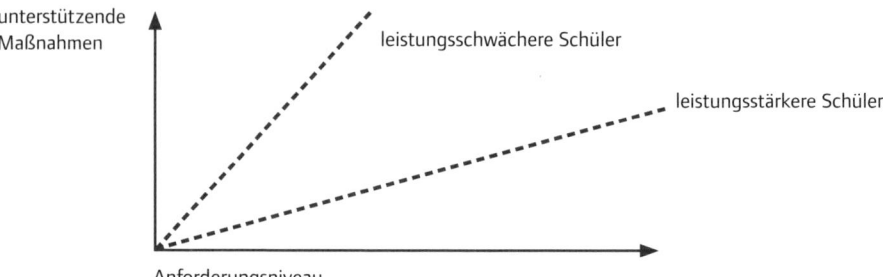

Konkret kann das Anforderungsniveau einer mündlichen Kommunikationsaufgabe durch die folgenden Maßnahmen differenziert werden (vgl. Kap. 4.5):
▶ Komplexität der Aufgaben: Reproduktion < Reorganisation < Produktion < Transfer,
▶ Offenheit vs. Geschlossenheit der Aufgaben,
▶ optionale Vorgabe von Redemitteln / sprachlichen Hilfestellungen,
▶ optionale inhaltliche Hilfestellungen,
▶ unterschiedliche Formen/Medien der sprachlichen Unterstützung: Gesprächsgitter > Paradigmen > isolierte Redemittel > Bilder oder Symbole.

Tipp: Tandembögen können zum selben Arbeitsauftrag unterschiedlich offen gestaltet werden. So kann z. B. der anspruchsvollere Bogen nur Bilder oder Stichworte enthalten, während in der weniger anspruchsvollen Version vorgegebene Satzanfänge vervollständigt werden.

Differenzierung nach Umfang und Tempo

Sehr gut geeignet für mündliche Kommunikationsaufgaben ist auch eine Differenzierung in Bezug auf die vorgegebene Länge der Dialoge. Schnellere und/oder leistungsstärkere Schüler können längere Dialoge führen, die meist automatisch auch inhaltlich und sprachlich komplexer sind. Der Umfang kann entweder durch eine zeitliche oder inhaltliche Vorgaben variiert werden:

Beispiele für zeitliche Variationen	Beispiele für inhaltliche Variationen
▶ Vorgabe unterschiedlich langer Zeiträume ▶ Vorgabe verschiedener Distanzen bei Gesprächen im Gehen	▶ Anzahl der Aufgaben, die erfüllt werden sollen (z. B. Einkaufen von einer bestimmten Anzahl an Gegenständen, Einigung in einer bestimmten Anzahl von Streitpunkten) ▶ Anzahl der Aspekte, die während der Kommunikation besprochen werden sollen

Bei Übungen mit wechselnden Partnern können schnellere Schüler den Dialog mit mehreren Partnern wiederholen. Dafür eignen sich besonders gut Methoden wie Lerntempoduett, Bushaltestelle oder Omniumkontakt (vgl. Kap. 2.1). Dabei ist es von Vorteil, dass die Differenzierung flexibel ist und keine bewusste Entscheidung für ein bestimmtes Anforderungsniveau nötig ist.

Tipp: Wenn die Dialoge mit verschiedenen Partnern immer gleich oder sehr ähnlich sind, besteht die Gefahr, dass irgendwann Langeweile eintritt. Bei einem solchen Lernarrangement empfiehlt es sich deshalb, kleine Variationen für den zweiten oder dritten Dialog in die Aufgabenstellung einzubauen.

Differenzierung nach Interessen

Generell bietet es sich bei mündlichen Kommunikationsaufgaben an, den Schülern möglichst viel Freiraum bei der Ausgestaltung der Aufgaben zu lassen. Dadurch bringen die Schüler automatisch ihre Fähigkeiten, Interessen und Kenntnisse ein.

Aber auch die gezielte Einbeziehung in die Wahl von Inhalten, Methoden und Aufgabenstellungen wirkt sich positiv auf Lernklima und Motivation aus. Die Schüler fühlen sich einbezogen und ernst genommen und üben gleichzeitig das eigenverantwortliche Lernen (vgl. Kap. 2.3). Eine solche Einbeziehung kann sich auf Unterrichtsreihen, Einzelstunden oder auch einzelne Kommunikationsaufgaben beziehen. Neben der Auswahl eines Themas können die Schüler auch die inhaltliche Ausgestaltung von Kommunikationssituationen übernehmen.

Kommunikationsanlass	Auswahl-/Ausgestaltungsmöglichkeiten
Präsentationen	Thema (aus einem vorgegebenen Themenpool) Präsentationsmedium (Poster, PowerPoint, Handout)
Kooperation	Thema, Medium (Bild, Text etc.)
Unterhaltungen	Thema (aus einem vorgegebenen Themenpool) Fragen/Konversationsbeiträge
Rollenspiele	Kommunikationssituation (z. B. zum Thema Einkaufen: Auswahl des Geschäfts, der zu erwerbenden Produkte)
Diskussionen	Thema bzw. Eingrenzung des Themas
Mediation	Thema, Kommunikationssituation

Tipp: Wenn die Schüler innerhalb einer Lerngruppe unterschiedliche Themen, Kommunikationssituationen oder Ausgestaltungen wählen, wird zudem die anschließende Vorstellung im Plenum interessanter und weniger redundant.

4.7 Checkliste: Unterstützende Maßnahmen

Die Schüler haben die Möglichkeit zur **Verbesserung ihrer (Zu-)Hörkompetenz** mithilfe von:
- ☐ regelmäßigen gezielten Übungen,
- ☐ Bewusstmachung und Einüben von Hörstrategien,
- ☐ Vorentlastung und Begleitung des Hörprozesses.

Es erfolgt ein gezieltes **Training mündlicher Kommunikationsstrategien** unter Einsatz von:
- ☐ systematischer Einführung und Bewusstmachung,
- ☐ regelmäßigem Üben in verschiedenen kommunikativen Kontexten,
- ☐ motivierendem Feedback auf der Grundlage von Selbst- und Fremdevaluationsbögen.

Im Unterricht wird der **Klassenraumdiskurs in der Zielsprache** etabliert durch:
- ☐ die konsequente Umsetzung durch die Lehrkraft,
- ☐ Motivation durch positive Anreize,
- ☐ gezieltes Einüben der relevanten Redemittel.

Die Kommunikationsaufgaben beinhalten eine **Anpassung an das Niveau der Lerngruppe** in Form von:
- ☐ Reduzierung von Komplexität und/oder Umfang,
- ☐ Vorentlastung und schrittweisem Vorgehen,
- ☐ Bereitstellung von benötigten Redemitteln.

Die Schüler erhalten eine **individuelle Förderung** durch:
- ☐ Flexibilität hinsichtlich Anforderungsniveau, Umfang und Tempo,
- ☐ Bereitstellung unterstützender Maßnahmen,
- ☐ thematische/inhaltliche Schwerpunktsetzung.

5 Auf einen Blick: 10 Maßnahmen zur Förderung der mündlichen Kommunikation im Fremdsprachenunterricht

1. Sprechzeit durch simultane Verfahren erhöhen
2. Alle Schüler durch individuelle Verantwortlichkeit aktivieren
3. Übungszeit im geschützten Raum ermöglichen
4. Relevante und authentische Kommunikationsanlässe schaffen
5. Wahl der Methode und Sozialform auf das Lernziel abstimmen
6. Leistungen transparent und kriterienorientiert bewerten
7. Das (Zu-)Hören und die Aussprache trainieren
8. Mündliche Kommunikationsstrategien schulen
9. Wiederkehrende Redemittel und Strukturen einüben
10. Individuelle Voraussetzungen der Schüler berücksichtigen

Literatur

Astin, Alexander W. (1993): What matters in college? Four critical years revisited. San Francisco: Jossey-Bass.

Atkinson, John (1957): Motivational determinants of risk-taking behavior. In: Psychological Review 64 (6), S. 359–372.

Börner, Wolfgang (1999): Fremdsprachliche Lernaufgaben. In: Zeitschrift für Fremdsprachenforschung 10/2, S. 209–230.

Blume, Otto-Michael (2006): Sprechen und Schreiben fördern. In: Krechel, Hans-Ludwig (Hrsg.): Französisch-Methodik. Berlin: Cornelsen Scriptor, S. 139–189.

Butzkamm, Wolfgang (1978): Aufgeklärte Einsprachigkeit. Zur Entdogmatisierung der Methode im Fremdsprachenunterricht. Heidelberg: Quelle & Meyer.

Butzkamm, Wolfgang (2004): Lust zum Lehren, Lust zum Lernen. Eine neue Methodik für den Fremdsprachenunterricht. Tübingen/Basel: Francke.

Byram, Michael (1997): Teaching and Assessing Intercultural Communicative Competence. Clevedon: Multilingual Matters.

Carter, Ronald A. / McCarthy, Michael J. (2003): What is a Native Speaker? In: XXIII Annual IATEFL Conference Proceedings.

Corder, Pit (1967): The significance of learners' errors. In: International Review of Applied Linguistics 5, S. 161–170.

Cook, Vivian (2009): Questioning traditional assumptions of language teaching. In: Nouveaux cahiers de linguistique française 29, S. 7–22.

Davis, Paul / Rinvolucri, Mario (1990): The Confidence Book. Building Trust in the Language Classroom. Harlow: Longman.

DeCharms, Richard / Shea, Dennis (1976): Enhancing Motivation: Change in the Classroom. Oxford: Irvington.

Deci, Edward L. / Ryan, Richard M. (1985): Intrinsic Motivation and Self-Determination in Human Behavior. New York: Plenum.

DeKeyser, Robert (1998): Beyond focus on form: Cognitive perspectives on learning and practicing second language grammar. In: Doughty, Catherine / Williams, Jessica (Hrsg.): Focus on Form in Classroom Language Acquisition. New York: Cambridge University Press, S. 42–63.

Deutsches Institut für Pädagogische Forschung (DIPF) (2006): Unterricht und Kompetenzerwerb in Deutsch und Englisch. Zentrale Befunde der Studie Deutsch-Englisch-Schülerleistungen-International (DESI). Frankfurt am Main.

Dufeu, Bernard (1992): Sur les chemins d'une pédagogie de l'être. Mainz: Editions Psychodramaturgie.

Ellis, Nick C. (2002): Frequency effects in language acquisition: A review with implications for theories of implicit and explicit language acquisition. In: Studies in Second Language Acquisition 24, S. 143–188.

Ellis, Rod (1994): The Study of Second Language Acquisition. Oxford: OUP.

Ellwart, Kathrin (2010): Medien – Methoden – Lernumgebungen. In: Leupold, Eynar/Krämer, Ulrich (Hrsg.): Französischunterricht als Ort interkulturellen Lernens. Fulda: Friedrich Verlag, S. 53–56.

Europarat (2001): Gemeinsamer europäischer Referenzrahmen für Sprachen: lernen, lehren, beurteilen. Berlin.

Feyten, Carine M. (1991): The power of listening ability: an overlook dimension in language acquisition. In: The Modern Language Journal 75, S. 173–180.

Gillies, Robyn (2007): Cooperative Learning: Integrating Theory and Practice. Thousand Oaks: Sage.
Green, Norm / Green, Kathy (2005): Kooperatives Lernen im Klassenraum und im Kollegium. Seelze-Velber: Kallmeyer.
Haß, Frank (2006): Fachdidaktik Englisch. Stuttgart: Klett.
Hasselhorn, Marcus / Gold, Andreas (2006): Pädagogische Psychologie. Lernen und Lehren. Frankfurt: Kohlhammer.
Hattie, John A. C. (2012): Visible Learning for Teachers: Maximizing Impact on Learning. London/New York: Routledge.
Hattie, John / Timperley, Helen (2007): The power of feedback. In: Review of Educational Research 77(1), S. 81–112.
Henseler, Roswitha / Surkamp, Carola (2009): Themenheft „Lesekompetenz", Der Fremdsprachliche Unterricht Englisch 43,100/101.
Hughes, Arthur / Lascaratou, Chryssoula (1982): Competing criteria for error gravity. In: English Language Teaching Journal 36 (3), S. 175–182.
Hüther, Manfred (2002): Bedienungsanleitung für ein menschliches Gehirn. Göttingen: Vandenhoeck & Ruprecht.
Johnson, David W. / Johnson, Roger (1999): Learning Together and Alone: Cooperative, Competitive, and Individualistic Learning. Boston: Allyn & Bacon.
Kieweg, Werner (1999): Allgemeine Gütekriterien für Lernzielkontrollen. In: Der fremdsprachliche Unterricht Englisch 33, S. 4–11.
Kleppin, Karin (1998): Fehler und Fehlerkorrektur. Berlin et al.: Langenscheidt.
Klippel, Friederike (2003): Teaching in English – Teacher Language in Primary School. In: Hermes, Liesel/Klippel, Friederike (Hrsg.): Früher oder später? Englisch in der Grundschule und bilingualer Sachfachunterricht. München: Langenscheidt, S. 53–68.
Klippel, Friederike / Doff, Sabine (2007): Englisch-Didaktik: Praxishandbuch für die Sekundarstufe I und II. Berlin: Cornelsen Scriptor.
Kluger, Avraham N. / DeNisi, Angelo (1996): The effects of feedback interventions on performance: A historical review, a meta-analysis, and a preliminary feedback intervention theory. In: Psychological Bulletin 119, S. 254–284.
Konrad, Klaus / Traub, Silke (2005): Kooperatives Lernen: Theorie und Praxis in Schule, Hochschule und Erwachsenenbildung. Hohengehren: Schneider.
Kultusministerkonferenz (KMK) (2010): Förderstrategie für leistungsschwächere Schülerinnen und Schüler. Beschluss der Kultusministerkonferenz vom 04.03.2010. Bonn/Berlin.
Kultusministerkonferenz (KMK) (2014): Bildungsstandards für die fortgeführte Fremdsprache (Englisch/Französisch) für die allgemeine Hochschulreife. Beschluss der Kultusministerkonferenz vom 18.10.2012. Bonn/Berlin.
Lewandowski, Theodor (1990): Linguistisches Wörterbuch. Band 1. Heidelberg: Quelle & Meyer.
Lightbown, Patsy / Spada, Nina (1999): How Languages are Learned. Oxford: OUP.
Loumbourdi, Lambrini (2014): The Power and Impact of Standardised Tests. Frankfurt et al.: Peter Lang.
Maybin, Janet (2002): Everyday talk. In: Maybin, Janet / Mercer, Neil (Hrsg.): From Conversation to Canon. London et al.: Routledge, S. 5–27.
McNamara, Tim (2000): Language Testing. Oxford: OUP.
Meyer, Hilbert (1989): Unterrichtsmethoden. Praxisband II. Berlin: Cornelsen.
Philipp, Andrea / Rauch, Kerstin (2010): Verständigung im Austausch. Grundlagen, Bedeutung und Potenzial von Sprachmittlung. In: Der fremdsprachliche Unterricht Französisch 108, S. 2–6.

Philipp, Elke / Schinschke, Andrea (2010): Sprechkonferenz und Lernempfehlung. Durch individuelle Rückmeldungen Sprechen fördern. In: Der fremdsprachliche Unterricht Französisch104, S. 22–28.

Piepho, Hans-Eberhard (1974): Kommunikative Kompetenz als übergeordnetes Ziel im Englischunterricht. Dornburg-Frickhofen: Frankonius.

Rogers, Carl R. (1985): Die nicht-direktive Beratung. Frankfurt: Fischer.

Rössler, Andrea (2008): Die sechste Fertigkeit? Zum didaktischen Potenzial von Sprachmittlungsaufgaben im Französischunterricht. In: Zeitschrift für romanische Sprachen und ihre Didaktik 2.1, S. 53–77.

Russell, Jane / Spada, Nina (2006): The effectiveness of corrective feedback for the acquisition of L2 grammar: A meta-analysis of the research. In: Norris, John/Ortega, Lourdes (Hrsg.): Synthesizing Research on Language Learning and Teaching. Amsterdam: Benjamins, S. 133–164.

Schiffler, Ludger (2012): Effektiver Fremdsprachenunterricht. Bewegung – Visualisierung – Entspannung. Tübingen: Narr.

Scovel, Thomas (1998): Psycholinguistics. Oxford: OUP.

Selinker, Larry (1992): Rediscovering Interlanguage. London: Longman.

Solmecke, Gert (1993): Texte hören, lesen, verstehen. Eine Einführung in die Schulung der rezeptiven Kompetenz mit Beispielen für den Unterricht Deutsch als Fremdsprache. München: Langenscheidt.

Spitzer, Manfred (2006): Lernen: Gehirnforschung und die Schule des Lebens. Spektrum: Heidelberg.

Stiensmeier-Pelster, Joachim/Schöne, Claudia (2008): Fähigkeitsselbstkonzept. In: Schneider, Wolfgang / Hasselhorn, Marcus (Hrsg.): Handbuch der Pädagogischen Psychologie. Göttingen: Hogrefe, S. 62–73.

Swain, Merrill (1985): Communicative competence: Some roles of comprehensible input and comprehensible output in its development. In: Gass, Susan M. / Madden, Carolyn G. (Hrsg.): Input in Second Language Acquisition. Rowley, MA: Newbury House, S. 235–253.

Thornbury, Scott (1997): Reformulation and reconstruction: tasks that promote "noticing". In: ELT Journal 51 (4), S. 326–335.

Voerman, Lia / Meijer, Paulien C. / Korthagen, Fred A. J. / Simons, Robert Jan (2012): Types and frequencies of feedback interventions in classroom interaction in secondary education. In: Teaching and Teacher Education 28, S. 1107–1115.

Wahl, Diethelm (2006): Lernumgebungen erfolgreich gestalten. Lehr- und Lernmethoden für Erwachsenenbildung, Hochschuldidaktik und Unterricht. Bad Heilbrunn: Klinkhardt.

Walsh, Steve (2002): Construction or obstruction: teacher talk and learner involvement in the EFL classroom. In: Language Teaching Research 6, S. 3–23.

Weiner, Bernhard (2005): Motivation from an attributional perspective and the social psychology of perceived competence. In: Elliot, Andrew J. / Dweck, Carol S. (Hrsg.): Handbook of Competence and Motivation. New York: Guilford, S. 73–84.

Wolff, Dieter (2000): Sprachproduktion als Planung: ein Beitrag zur Psychologie des Sprechens. In: Der fremdsprachliche Unterricht Englisch 47, S. 11–16.

Wolff, Dieter (2006): Mehrsprachigkeit, Spracherwerb und Sprachbewusstheit. In: Neuland, Eva (Hrsg.): Variation im heutigen Deutsch: Perspektiven für den Sprachunterricht. Frankfurt: Lang, S. 51–66.

Register

A
Aktives Zuhören 91
Aquarium 75
Arbeitsaufträge 19
Ausspracheschulung 92 ff.

B
Beobachtungsbögen 28 f., 103 f.
Bewertungskriterien 37 f.
Binnendifferenzierung 23, 118 ff.
Buddy-Book 52
Bushaltestelle 14

D
Didaktische Reduktion 112 ff.
Diskussion 73 ff.
Dreiergespräch 16 f.

E
Eigenverantwortliches Lernen 25 ff.
Expertenpuzzle 17 f.
Evaluation 12, 79

F
Fehlerkorrektur 30 ff.
Feedback 27 f., 50

G
Galeriegang 17 f.
GeR (gemeinsamer europäischer Referenzrahmen für Sprachen) 5
Gespräch im Gehen 15
Gesprächsgitter 69
Gruppenarbeit 21 f.

H
Handlungsorientierung 7
Heißer Stuhl 76
Heterogenität 118 ff.
Hörsehverstehen 54
Hörverstehen 54, 87 ff.
Hütemethode 76

I
Individuelle Förderung 118 ff.
Input 89, 93, 107
Interkulturelle Kompetenz 68

K
Klassenraumdiskurs 104 ff.
Kommunikationsorientierung 5 ff.
Kommunikative Kompetenzen 5
Kommunikationssituationen 44 ff.
Kommunikative Hand 52
Kooperative Lernformen/Methoden 12 ff., 50 ff.
Kugellager 16

L
Lernarrangements 12 ff.
Lernatmosphäre, positive 24 ff.
Lernspiele 56 f.
Lerntempoduett 14, 24
Lerntheorien 25
Lernvoraussetzungen 112 ff., 118 ff.

M
Methodenkompetenz 51
Mindmap 40 f.
Motivation 25 ff.
Mündliche Leistungsüberprüfung 31 ff.

N
Notizen 46 f., 52, 69, 75

O
Omniumkontakt 14 f.

P
Partnerarbeit 65 f.
Partnerevaluation 28 f.
Placemat-Methode 52
Positive Abhängigkeit 52 ff.
Präsentation 44 ff.
Pyramidendiskussion 18

R
Redemittel 116 ff.
Regeln 19 f.
Reziprokes Lesen 55 f.
Rollenkarten 21, 70
Rollenspiel 67 ff.

S
Sandwich-Prinzip 12, 51 f.
Schülerinteressen 26, 45, 78, 121
Selbsteinschätzungsbogen 26, 58, 109
Selbstevaluation 26, 48, 58
Sozialkompetenzen 51
Sprachmittlung 79 ff.
Sprachzertifikate, internationale 38 ff.
Stationenlernen 24
Strategien 41 f., 98 ff.
Sprechanteile 7 f., 11 ff.
Sprechphasen, simultane 12 ff.

T
Tandembogen 84, 113, 120
Thesenspiel 76
Think-Pair-Share 13
Transparenz 12, 26, 31, 33 ff.

U
Üben, effektives 24 ff.
Unterhaltung 59 ff.

V
Verabredungskarten 24
Vier-Ecken-Methode 52
Visualisierung 47